疗愈经济
2

沈君 著

HEALING ECONOMY

复旦大学出版社

前　言

2024年1月，笔者在上海阿纳迪酒店举办了"愈到·全球疗愈峰会"，邀请了全球各地的疗愈行业专家分享及探讨疗愈行业的发展。作为一场收费的峰会，在峰会开始前两周已经关闭了报名通道，但还是有许多人直接来现场要求入场，可见大家对于"疗愈"的认可程度。这场"愈到·全球疗愈峰会"也奠定了笔者创立的愈到集团在疗愈行业的地位。

2024年5月31日至6月2日，笔者在上海世贸展馆举办了第一届疗愈博览会，疗愈博览会3天时间汇聚了近20 000名专业观众，除了来自北京、广州、深圳、杭州、成都等地的疗愈从业者，还有中国香港和中国台湾地区，以及美国、英国、德国、澳大利亚、新加坡、马来西亚、尼泊尔等国的疗愈爱好者们前来参展与参观交流。上海新闻综合频道、第一财经频道、生活时尚频道和星空卫视对愈到集团举办的第一届疗愈博览会也给予了高度评价。

在第一届疗愈博览会上，笔者的《疗愈经济》进行了首发签售，3天时间内，1 500本书被抢购一空。通过《疗愈经济》这本书，打开了疗愈行业从业者和疗愈爱好者对于疗愈经济的视野。

2024年11月28日至11月30日，笔者在深圳会展中心举办了第二届疗愈博览会，在7 500平方米的超大展览馆中，汇聚了200多个疗愈品牌和近30 000名专业观众。疗愈博览会通过资源整合与大数据分析，为海内外疗愈品牌、产业投资方、疗愈服务商等全产业链资源提供一站式共享平台，打造集高效选品、合作对接、创业孵化、艺术展览、工作坊体验、疗愈演出和新品发布等为一体的"全球疗愈产业链展示平台"，挖掘更深度的合作机会和商业价值，推动中国文化产业、旅游产业、美容产业、房地产业和疗愈产业等融合的可持续发展与服务升级。现场的直播观看人数超过10万人，广东新闻频道、广东经济科教频道和深视财经生活频道进行了专题报道。线上，活动相关视频借助各大网络平台广泛传播，覆盖人群超过1 000万。

"愈到集团的主营业务是举办博览会吗？"这是许多资深投资人和上级领导最常问的一个问题。笔者的回答是："疗愈博览会只是个开始，它是快速打开疗愈市场、提升疗愈产业链维度、扩充疗愈生态从业人员数量、推动疗愈经济发展的最佳方式。"正因为有太多的人想了解愈到集团为疗愈行业做了哪些事，以及疗愈经济的最新动态和发展趋势，才触发了《疗愈经济2》的杀青。

目 录

1 重新定义疗愈
——万物皆可疗愈

1.1 一切美好的生活方式都是疗愈 / 3
1.2 疗愈,不只有艺术疗愈 / 7
1.3 中国有8.3亿人需要疗愈 / 10
1.4 从疗愈需求到10万亿元的疗愈经济 / 17

2 第一届疗愈博览会
——血水与礼花

2.1 中国急需疗愈博览会 / 25
2.2 举办疗愈博览会的艰辛历程 / 29
2.3 史无前例的18项举措 / 39
2.4 绽放奇迹的礼花 / 68

3 第二届疗愈博览会
——泪水与鲜花

3.1 从长三角到粤港澳大湾区 / 85
3.2 第二届疗愈博览会的7项新举措 / 90
3.3 小而美的第二届疗愈博览会获得鲜花 / 98
3.4 两届疗愈博览会用户数据分析 / 120

4 愈到集团助力疗愈行业发展

4.1 还没开幕的疗愈博览会——汗水与烟花 / 139
4.2 市场鱼龙混杂,愈到坚持走好自己的路 / 145
4.3 持续优化疗愈博览会体验的4项举措 / 152
4.4 将疗愈产业链升级为疗愈生态圈 / 158

5 所有行业都能用疗愈再做一遍

5.1 疗愈将成为所有行业的必备元素 / 165

5.2 中国疗愈经济规模达10万亿元 / 189

5.3 典型行业疗愈落地实操方案 / 197

5.4 各行业专家对于疗愈经济的洞察 / 206

6 疗愈经济可持续发展的方向

6.1 愈到集团为疗愈行业可持续发展奋斗 / 225

6.2 构筑中国疗愈目的地平台 / 234

6.3 中国疗愈人才库建设 / 240

6.4 每个城市都有一片疗愈市场 / 256

1

重新定义疗愈
—— 万物皆可疗愈

1.1 一切美好的生活方式都是疗愈

1.2 疗愈,不只有艺术疗愈

1.3 中国有8.3亿人需要疗愈

1.4 从疗愈需求到10万亿元的疗愈经济

1.1 一切美好的生活方式都是疗愈

疗愈，英文表达为"healing"，意为使受损的生物体或不平衡的情境得以恢复到健康、和谐或正常的状态。在《疗愈经济》一书中，笔者将疗愈定义为：**疗愈是清理淤堵，让内心恢复正常，以及让自己的心灵状态更有力的过程。**

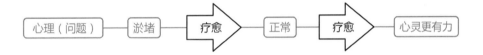

从这个定义来说，"疗愈"的概念是非常宽泛的。Joice上了8个小时的班，坐了1个小时的地铁回到家后，除了做家务外，还要辅导正在上小学的孩子写作业。一边心里压着火，满脑子都在想"这小学题目那么难啊，我小时候哪有那么难的题目啊"，一边还要耐着性子认真地教孩子学。好不容易洗漱完躺到床上就已经11点了，满脸愁容的她躺在床上漫无目的地刷着短剧，看着没有营养的恶搞视频，嘴角止不住地往上扬。理性的Joice知道自己应该早点睡，第二天还要早起上班，她也知道这些短视频对生活和工作都没有帮助，但她就是不想睡觉。

Joice是都市青年中的一个典型缩影，在这个极为普遍的场景中，刷短视频是疗愈吗？答案见仁见智，如果按照上述对于疗愈的定义，刷短视频的确让Joice从内心淤堵、满脸愁容的状态变成了嘴角上扬的正常状态，所以刷短视频也是疗愈的一种方式，只不过其效果持续时间较短，而且没有办法让心灵更有力。虽然疗愈效果不是很大，但不能否定刷短视频也是疗愈。

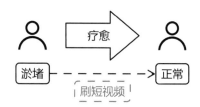

在同样的情景下，Joice可以舒服地冲个澡，吃上一个美味的橙子，穿上舒服的棉麻睡衣，打开舒缓的环境音乐，开启房间里的星空灯，敲击两下角落里的水晶钵，即兴敲击手碟，晃动一下风铃，在香薰机里滴入两滴玫瑰精油，给自己的太阳穴上涂一些薰衣草精油，戴上高科技的按摩眼罩，将床垫调整到最舒服的位置，头靠在按摩枕上……这一切的动作都可以让她从心理淤堵的状态恢复正常，甚至是让心灵更有力，而这里的每一个行为都有疗愈效果。

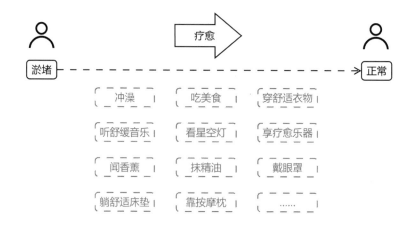

从单个行为来说，比如吃个橙子，它的疗愈效果并不明显，但是当多个行为组合在一起时，疗愈效果就可以叠加，Joice 的主观感受也会大大提升，除了让自己从淤堵的状态变为正常状态之外，也能让心灵更有力。

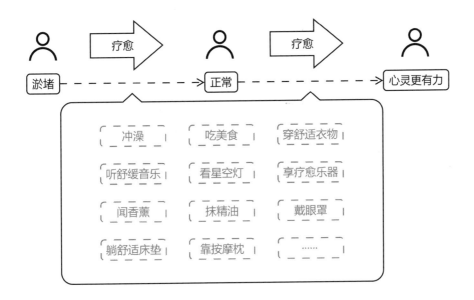

能够起到疗愈效果的方式太多了，其他还有画个画、跳个舞、插个花、泡个茶、看一部电影、做个冥想、骑个动感单车和做个瑜伽等。

我常常用这个案例向其他人解释"疗愈"的概念——"疗愈是清理淤堵，让内心恢复正常，以及让自己的心灵状态更有力的过程。"但我的这个定义绝大多数人都记不住，而我的合伙人花爷[1]却对之进行了高度凝练的概括："一切美好的生活方式都是疗愈。"我第一次听到这个概括时就高度赞同，不管是冲个澡、吃美食、穿舒适的衣物、听舒缓

---

[1] 花爷：愈到集团创始人卫晓霞的别名。

的音乐还是看星空灯,不都属于美好的生活方式吗?所以再有人问我什么是疗愈时,我不会再去重复那拗口的定义,而是抛出这句简单而通俗的概括。

1.2 疗愈，不只有艺术疗愈

在《疗愈经济》一书中，我对艺术疗愈的起源和分支演化过程进行了详细的描述和解读。为什么是对艺术疗愈进行分析，而不是对疗愈进行分析？因为我能够查找到的相关资料和文献大多集中于艺术疗愈，如音乐疗愈、舞动疗愈、心理剧疗愈、绘画疗愈和摄影疗愈等，而与心理治疗相关的文献又太偏向于疾病治疗，与疗愈的定义大相径庭。

加之《疗愈经济》作为国内第一本以"疗愈经济"为主题的书，其受众群体是许多希望从事疗愈行业的非专业人士，所以对疗愈的解读需要通俗易懂。

可是笔者在与许多人进行交流时发现，部分人群将疗愈和艺术疗愈画上了等号，这明显是不合理的。从逻辑角度来说，疗愈的概念包含了艺术疗愈，其范畴远远超过了艺术疗愈。

比如Alice会在定期休年假时，去接触大自然，不管是丽江的玉龙雪山，还是新疆的赛里木湖，抑或是海南的尖峰岭热带雨林，都是她的备选项，她会带上装备去登山、在湖边漫步、在森林中探险，大自

然让她感受到宁静与和谐，帮助她缓解压力、改善心情，从淤堵的状态中恢复正常，并且心灵变得更有力。所以接近大自然的过程就是疗愈的过程，可是接近大自然并不属于艺术的范畴。仅通过这一个例子就能打破"疗愈就是艺术疗愈"的偏见。

之所以会有人进入"疗愈就是艺术疗愈"的误区，除了逻辑上的偏差之外，还有可能是因为他们的立场——他们自己从事的是艺术行业，为了让自己的专业快速被市场认可，便不断强化自己的观点："疗愈就是艺术疗愈，只有艺术疗愈才是疗愈。"这个观点仅对从事艺术行业的人有利，但是这样狭隘地定义疗愈会影响疗愈行业的其他从业者。

愈到一直致力于不断扩大疗愈的边界，而不是缩小它的范围，目的就在于让更多的人和更多的企业进入这个行业，让疗愈经济有更大的市场规模。在疗愈行业兴起的初期，就将疗愈缩小至艺术疗愈的范围，显然不利于疗愈行业的发展，也不利于扩大疗愈经济的市场影响力。

在笔者看来，所有"治愈"的，并且可以带来情绪价值的都是疗愈的。许多人习惯用"治愈"和"情绪价值"这两个词，但其表达的内容，还是"疗愈"。

在小红书上，截至2024年12月，标签为"疗愈"的笔记有20.2亿次浏览量，标签为"治愈"的笔记有271.5亿次浏览量，标签为"情绪价值"的笔记有7.6亿次浏览量，而标签为"艺术疗愈"的笔记仅有1.3亿次浏览量。

在抖音上，截至2024年12月，标签为"疗愈"的内容有49.1亿次浏览量，标签为"治愈"的内容有2 124.9亿次浏览量，标签为"情绪价值"的内容有46.7亿次浏览量，而标签为"艺术疗愈"的内容仅有0.36亿次浏览量。

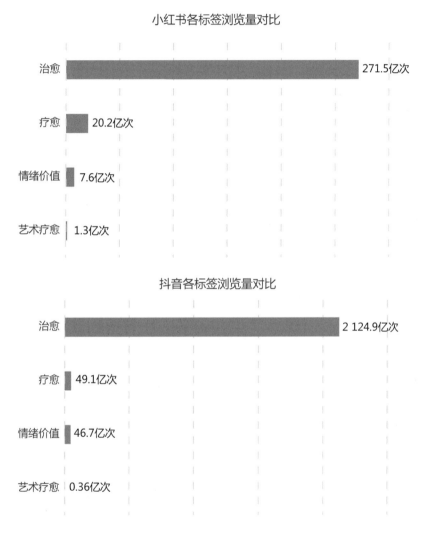

从以上两个用户常用平台的数据表现来看，现有的用户对于"疗愈"的关注度远远超过"艺术疗愈"，所以不管从逻辑角度来说，还是从用户的关注度来说，疗愈与艺术疗愈不能画上等号。

1.3 中国有8.3亿人需要疗愈

在中国，疗愈的市场需求有多大呢？换句话说，中国有多少人需要疗愈呢？根据《2023年度中国精神心理健康蓝皮书》的数据，我国患抑郁症的人数为9 500万人。考虑到大多数人对抑郁症知之甚少，许多人不会选择就医，所以实际的患者人数可能高于确诊人数。

再根据《中国城镇居民心理健康白皮书》[1]发布的数据，有73.6%的城镇居民处于心理亚健康状态，存在不同程度心理问题的城镇居民有16.1%，而心理完全健康的城镇居民仅为10.3%。按照国家统计局官方公布的中国2023年城镇人口为9.3亿人[2]来计算，有6.8亿人处于心理亚健康状态，有1.5亿人存在不同程度的心理问题。这些往往是对疗愈有需求的人，加在一起差不多就有8.3亿人，也就是有8.3亿人需要疗愈。

为什么说有8.3亿人需要疗愈呢？因为他们需要通过疗愈让自己的内心恢复正常，并且让心灵更有力；那剩下的心理完全健康的1亿人就不需要疗愈了吗？他们的心理状态的确是正常的，但是在疗愈的定义中还有"让心灵更有力"，这1亿人完全可以通过疗愈让自己获得更多的正能量，让生活更美好。

---

1 https://www.quanjiao.gov.cn/public/161055024/1110641082.html.
2 https://data.stats.gov.cn/easyquery.htm?cn=C01.

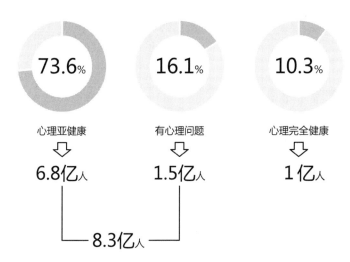

从年龄角度来说，疗愈是全年龄段的。许多人认为疗愈是中青年人特有的，他们同时面临房子、车子、工作、社交、健康、家庭等一系列的压力，所以其对疗愈的需求是巨大的。其实，需要疗愈的除了中青年，还有年龄更小的青少年和年龄更大的银发一族。

1.3.1 青少年

根据中国科学院心理研究所《中国国民心理健康发展报告（2019—2020）》（社会科学文献出版社2021年版），青少年的抑郁检出率为24.6%，其中，轻度抑郁的检出率为17.2%，重度抑郁的为7.4%。这就意味着，几乎每4个青少年中就有1个有抑郁症。

《2023年度中国精神心理健康蓝皮书》[1]显示，学生群体面临的学业、就业等压力增大，心理健康问题日益突出，且呈低龄化趋势：高中生抑郁检出率为40%，初中生抑郁检出率为30%，小学生轻度焦虑

---

[1]《2023年度中国精神心理健康》蓝皮书发布，新浪网，2023年10月10日。

风险达10%。由此可见,抑郁症发病群体逐渐年轻化。

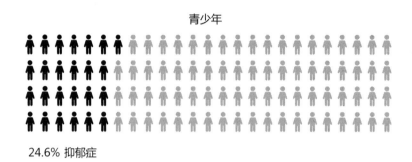

通过以上的数据可以看出,青少年心理健康问题非常突出。而且青少年的心理健康问题不只关乎孩子自身的身心发展,也会对亲子关系、父母心理状态以及家庭经济构成深远的影响。

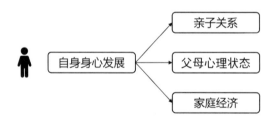

首先,青少年心理健康问题会直接作用于孩子自身的身心发展。心理问题乃是青少年成长历程中的一大阻碍,会导致孩子在学习、社交、情感等方面遭遇困境。若此类问题未获及时且有效的化解,则会对孩子的未来发展及成长产生长期的负面效应。

其次,青少年心理健康问题也会波及亲子关系。在孩子面临心理困扰之际,会出现情绪不稳、行为异常等状况,令父母感到困惑、无助乃至产生愤怒。双方之间的误解与冲突或会加剧,进而令亲子关系趋于紧张乃至破裂。

再次，孩子的心理健康问题也会给父母带来心理压力。父母或会心生焦虑、自责、无助等负面情绪，认为孩子的心理问题是自己导致的，这种情绪会影响父母的生活质量，甚至会影响父母的工作状态与人际关系。

最后，青少年儿童心理健康问题还可能对家庭经济产生影响。一方面，为帮助孩子化解心理问题，家庭或许需要承担心理咨询、治疗等费用，给家庭增添了经济负担。另一方面，倘若孩子因心理问题而无法正常学习或工作，家庭很可能会因照顾他而丧失一部分经济来源。

1.3.2 青年

由新华健康平台联合中国人民大学社会与人口学院共同推出的《中国城市青年群体健康观念调查报告》[1]指出，约60%的城市青年人有焦虑情绪，18%为中度或者重度焦虑。

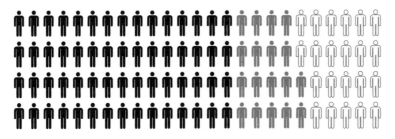

---

1 https://www.sgpjbg.com/baogao/109524.html.

被视为青年人疗愈经济载体之一的毛绒玩具，近年来市场热度逐渐升温。根据中国玩具和婴童用品协会发布的《2024中国玩具和婴童用品行业发展白皮书》[1]，截至2024年3月份，毛绒布艺类玩具在天猫平台继续热销，销售额同比增长30.1%，销售均价同比增长25.4%。

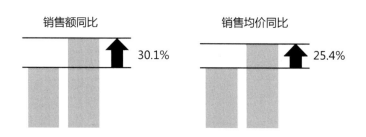

其中，来自英国的吉利猫（JELLYCAT）、日本玩具IP森贝儿家族以及迪士尼的玲娜贝儿等都成了青年人疯狂购买的对象。

对于青年人来说，放慢生活节奏，每天都进行疗愈似乎成了一种时尚，"青年"和"养老院"这两个看似矛盾的字眼，组合在一起时，已经吸引了广泛的舆论关注。在小红书上，关于"青年养老院"的讨论吸引了超过500万次浏览。国内许多咖啡厅、民宿和酒吧都挂出了"青年养老院"的牌子。不过，部分"青年养老院"被指是引流噱头或割韭菜手段，可持续性存疑。但无论如何，这都凸显了当下青年旺盛的疗愈需求，也促使我们思考如何规范引导，让疗愈经济真正服务于青年人的需求。

1.3.3 银发群体

50岁以上的银发一族对于疗愈的需求也极其旺盛。根据第七次全

---

1 https://www.wjyt-china.org/As/106218.html.

国人口普查的数据[1]，我国总计有超过5亿人在50岁以上，他们已经或即将进入退休状态，可称为银发群体。而且与传统观念不同，不是所有银发群体都是坐着轮椅、老态龙钟、需要人照顾的。

银发群体的人口数量巨大，笔者将他们分成两个部分，分别是活力银发和传统银发。

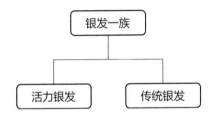

活力银发指的是"6275"人群，也就是1962—1975年出生的人，大体是中国第二次婴儿潮一代。他们在中国社会中具有重要地位，总人口数约为3.67亿。作为中国改革开放时期成长起来的一代人，他们享受了社会发展的多次红利，并实现了较高程度的财富积累，因此拥有较强的消费能力和较高的生活水平。他们拥有更多的可支配时间和资金，还有较高的教育水平和数字化程度，对于生活的要求较高，对疗愈的需求日益增长，在心态上更积极，更年轻，更悦己。

除了活力银发人群之外的银发人群称为传统银发，他们也许不像"6275"人群那样有较多的可支配资金，但是对于生活和疗愈的需求也是日益增长的。中国科学院的一项研究表明，我国城市老年人心理健康率为30.3%，农村老年人心理健康率仅为26.8%。也就是说，中国60岁以上的老人，心理健康率不足三成。随着物质条件的逐步改善，传

---

[1] https://www.stats.gov.cn/sj/pcsj/rkpc/7rp/indexch.htm.

统银发的需求不再局限于身体层面的照护,他们渴望摆脱孤独感,寻求身心的疗愈。

  总的来说,各年龄段人群都需要疗愈,8.3亿这个数字背后蕴含着巨大的市场需求,更代表了有巨大的疗愈经济产业等待开发。

1.4 从疗愈需求到10万亿元的疗愈经济

为什么疗愈会在中国突然火爆起来呢？主要有四个原因：个体压力增大、自我实现的需要、疗愈服务增多和社交媒体助力。

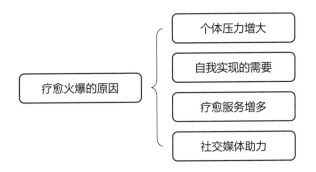

首先是个体压力增大。随着社会的快速发展，人们面临的压力也与日俱增。工作压力、生活琐事、家庭和亲子关系、人际关系等常常让人们感到疲惫不堪，对心理和身体健康构成巨大的挑战。在这样的背景下，人们迫切需要寻找一种方式来缓解压力、放松身心，而疗愈正好满足了这一需求，所以受到了广大消费者的青睐。

其次是自我实现的需要。根据马斯洛的需求层次理论，人们的需求逐渐从基本的生理需求和安全需求向更高级的爱与归属需求、尊重需求乃至自我实现需求转变。在这一过程中，个人可能面临各种心理挑战。情绪疗愈作为一种心理调适机制，帮助人们处理内在的情绪冲突，促进心理健康，从而更好地实现自我。

马斯洛的需求层次理论

再次是疗愈服务增多。随着中国经济的不断发展，疗愈市场也呈现出蓬勃发展的态势，越来越多的人和公司开始进入疗愈行业，各种疗愈沙龙、疗愈课程、疗愈产品、疗愈旅修等为人们提供了多样化的疗愈选择。

最后是社交媒体助力。在小红书、抖音和视频号等社交平台上，疗愈相关的话题播放量高达数十亿次，吸引了大量消费者的关注和参与。社交媒体的助力使得疗愈更加深入人心，甚至成为一种时尚的生活方式。

疗愈的火爆，说明疗愈需求非常旺盛，但是从疗愈需求转向疗愈产业链，从而变成疗愈经济，这个过程不是一蹴而就的。笔者把这3个步骤称为疗愈行业的发展阶梯。

在这3个步骤中，第一步疗愈需求是易于理解的，就像上一小节中描述的，中国有8.3亿人需要疗愈，这么大的市场需求，是形成第二步疗愈产业链的基础。

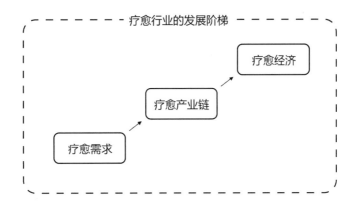

第二步疗愈产业链，是所有能满足疗愈需求的产品、服务和业态的总和及各要素之间的关系链。现实中，疗愈产业和疗愈产业链经常被搞混，产业更侧重于宏观角度，体现的是以产业为单位的生产力布局上的社会分工，代表了某一类经济活动的总和；而产业链则是从微观和中观结合的角度，研究企业之间的相互关系和协作机制，更注重产业链的效率和竞争力。

按笔者通俗的理解就是，产业就好比是桌子上有锅、碗、番茄、鸡蛋、葱花、油、盐和水等，而产业链就是要把番茄洗干净，把锅热好放入适量的油，在合适的时间放入鸡蛋，在合适的时间放上适量的葱花和盐，最终给客户一盘可以直接享用的番茄炒蛋。

之所以疗愈行业发展阶梯的第二步是疗愈产业链而非疗愈产业，是因为疗愈行业的发展，并不是把所有相关的产品和服务堆积起来就可以了，而是要把每个环节串联起来。因为消费者不会为了"锅、碗、番茄、鸡蛋、葱花、油、盐和水"买单，而只会采购成品"番茄炒蛋"；所以想要把疗愈产业做大，就必须做疗愈产业链。

《疗愈经济》一书着重介绍了疗愈产业链的7个角色，分别是个体用户、群体用户、空间方、疗愈提供方、周边厂商、疗愈服务方和主管部门。这7个角色组成了疗愈经济全景图。

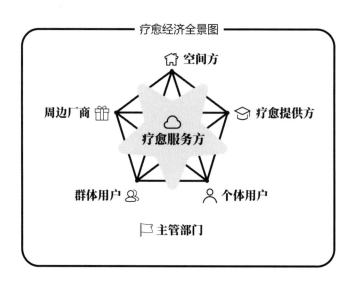

有了这7个角色及他们之间的依存关系，就有了疗愈产业链；但是要称得上疗愈经济，就必须有经济体量，也就是有一定的市场规模。就像有牙签行业，但是没听说有牙签经济一样，牙签能创造的经济规模不足以支撑牙签经济。疗愈经济的市场规模是否够大呢？

全球健康研究所的报告《全球健康经济：超越新冠病毒》[1]预测，到2025年，疗愈经济的市场规模将达到7万亿美元。但笔者尚未找到关于中国疗愈经济市场规模的数据，而根据笔者的推算，中国疗愈经济的市场规模在2025年将会达到10万亿元。这10万亿元并不是笔者随意捏造和杜撰的，本书第5章将会对这个数据进行详细的推演。

笔者正是预判到疗愈行业会按照发展阶梯，从疗愈需求转向疗愈

1　https://finance.sina.com.cn/7x24/2023-05-06/doc-imysuuwe3107346.shtml?cref=cj.

产业链从而形成疗愈经济，才举办了"全球疗愈峰会""第一届疗愈博览会"和"第二届疗愈博览会"，并且撰写了《疗愈经济》以及本书——《疗愈经济2》。

"全球疗愈峰会"是请国内外的专家和学者来提高疗愈产业链从业者的认知；"第一届疗愈博览会"和"第二届疗愈博览会"是在长三角和粤港澳大湾区这两个中国经济的心脏地带展示了疗愈产业链的最新发展；《疗愈经济》和《疗愈经济2》可以给疗愈爱好者提供学习方向和实践案例，助力疗愈经济全景图中的各个角色构建疗愈产业链，推动疗愈经济进一步成型。

"全球疗愈峰会"的情况已经在《疗愈经济》一书中进行了详细介绍，本书就不再赘述，本书将会详细介绍愈到集团举办的第一届疗愈博览会、第二届疗愈博览会以及2024年度的许多重大活动。愈到集团的这些行为，目的就是要将巨大的疗愈需求升级为疗愈产业链，并助力疗愈经济走向成熟，最终达到**"用疗愈经济来疗愈经济"**的目标。

2
第一届疗愈博览会
—— 血水与礼花

2.1 中国急需疗愈博览会

2.2 举办疗愈博览会的艰辛历程

2.3 史无前例的18项举措

2.4 绽放奇迹的礼花

2.1 中国急需疗愈博览会

博览会是什么？博览会在国际上被广泛用于描述大型的综合性展览活动。其主要目的是向公众展示成就、宣传思想，并促进文化和经济的发展。博览会通常具有4个特点：综合性、展示性、交流性和促进性。

- 综合性：博览会一般会涵盖一个行业或多个行业的多种产品、技术或服务，形成一个综合性的展览平台。
- 展示性：博览会的主要功能是展示，包括新产品、新技术、新设计的展示，以及成就、文化和艺术的展示。
- 交流性：博览会为参展商和观众提供了一个面对面交流的平台，有助于建立业务联系、促进合作。
- 促进性：通过展示和交流，博览会可以促进经济、文化和科技的发展，推动产业升级和国际贸易。

对于在国内刚刚起步的疗愈行业来说，博览会的综合性、展示性、交流性和促进性可以帮助疗愈需求向疗愈产业链转化。

一切有利于疗愈行业发展的事，愈到集团一定会竭尽全力去办。正是因为这样的执着，笔者在2024年1月的"全球疗愈峰会"上向在座的近400名嘉宾宣布要在当年5月举办中国第一届疗愈博览会。全场响起雷鸣般的掌声，持续近1分钟之久。大家为笔者这种勇于创新、敢于为疗愈行业奋斗的激情所感染，纷纷起身，以示对笔者的热烈支持。

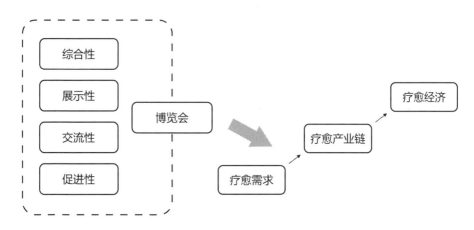

在从台上回到座位上时，笔者都没有意识到自己给自己挖了一个巨大的"坑"：笔者对于疗愈博览会的申报和举办流程完全不知道，5月

份即将举办的大会场地也没定，更不知道举办一次博览会牵涉会展、公安、消防、防疫、保险、风险评估、医疗、搭建等一系列的问题。但是，对于一个执着的处女座人来说，笔者坚信：为了疗愈行业的发展，愈到集团一定能做到。

带着这份激情与责任感，笔者与团队伙伴们开始着手研究。由于疗愈博览会在中国尚未有先例，因此需要先查找一些国外的疗愈博览会的介绍做借鉴。想不到疗愈博览会在国外发达国家早已非常成熟。

日本的疗愈展到2024年已有21年的历史，每年分春秋两季分别在东京和大阪举行，是目前日本国内最大的身心健康、疗愈类展会[1]。日本人对个人的身心健康非常关注，身心疗愈行业非常发达，社会认同度很高。疗愈展正逐渐引领消费新潮流，是成长中的市场，涉及美容、水疗、健康、有机食品、心理健康、芳香疗愈、音乐疗愈、治愈系画作、宠物疗愈和医疗等领域。日本是消费大国。据统计，东京和大阪疗愈展到会观众中，超过88%为女性，超过75%是40岁以上人群，这些人属于高购买力人群。活动形式包括各种讲座、沙龙、表演等，还吸引了许多日本国外展商的关注和参与。

英国的疗愈展则被认为是欧洲最大的疗愈盛会，也已经有着十余年的历史，最新的一期于2024年8月在英国英格兰伯克郡举办，有来自全英国各地的疗愈师和心理成长工作者参与，包含了音乐、舞蹈及其他艺术形式。

澳大利亚的身心灵疗愈展一年两届，已经举办了近10年，最新的一期于2024年11月在墨尔本举办，包含了疗愈艺术、疗愈首饰、芳香

---

[1] http://www.epochexpo.com/htmlproduct/20191211121009.html。

疗愈等品类。

考察完国外疗愈博览会相关信息后，笔者又调查了国内与疗愈相关的成熟展会，比如美博会。美博会原名广州国际美博会，于1989年由马娅女士创立。2012年广州国际美博会更名为广东国际美博会。2015年5月，又正式更名为美博会，即China International Beauty Expo，英文简称CIBE。至2024年底，已经形成了北京、上海、广州、深圳4地一年6届展览的布局，辐射美业及大健康产业各领域，每年会场面积超过100万平方米。[1]

当看到国外疗愈博览会和国内的相关博览会已经非常成熟之后，笔者更加坚定了举办首届疗愈博览会的信心，希望疗愈博览会通过资源整合与大数据分析，为海内外疗愈品牌、产业投资方、疗愈服务商等全产业链资源提供一站式共享平台，打造集高效选品、合作对接、创业孵化、艺术展览、工作坊体验、疗愈演出和新品发布等为一体的"全球疗愈产业链展示平台"，挖掘更深层次的合作机会和商业价值，推动中国文化产业、旅游产业、美容产业、房地产业和疗愈产业的深度融合，实现可持续发展与服务升级，成为探索疗愈经济发展的前沿展会。

---

1 https://www.cibe.cc/pc/about.

2.2 举办疗愈博览会的艰辛历程

2024年5月31日至6月2日,愈到集团举办了第一届疗愈博览会,三天时间汇聚了近20 000名专业观众,除了来自全国30多个省区市的参观者,还吸引了美国、英国、澳大利亚、新加坡、马来西亚、尼泊尔的疗愈爱好者们前来参展与参观交流。

从笔者宣布举办疗愈博览会的1月8日，到第一届疗愈博览会开幕的5月31日，一共才四个半月时间，其中还横跨了中国最大的传统节假日——春节。要知道笔者从未举办过任何博览会，每每回忆起这段时间的艰辛付出，仍然心有余悸。

为了确保疗愈博览会的顺利举办，需要逐一完成场地筛选、签订场地、会展申报、公安申报、消防申报、防疫申报、购买保险、风险评估和开展检查等一系列流程和手续。

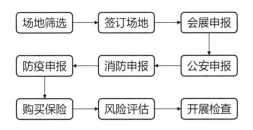

在这些流程中，需要准备大型群众性活动安全许可申请表、承办者合法成立的证明、安全责任书、大型群众性活动方案及其说明、论坛区域活动流程、防疫方案、安全工作方案、突发事件应急预案、安保工作人员部署表、人员流线和安保岗位部署图、施工安全重点告知书、举办非营业性演出活动的观众区域证明、票务方案、大型活动主办与承办单位安全协议书、安全风险评估报告、布撤展货车通行证审批表、大型展会布撤展车辆疏散方案、消防救援大队消防监督检查记录表、消防安全措施检查的申请报告、大型活动交通疏导方案、搭建临时建筑等单位的有关资质与资格证、会展场地平面图及效果图、实名登记闸机方案、意识形态应急方案等数十份文件。

每份文件都需要仔细填写，加盖公章后提交审核。让笔者记忆犹新的是，这些文件垒在一起厚度达8厘米，几乎与字典一样厚。提交之后还需要等待相关部门审核，如有一点问题就需要重新提交，只有所有信息确认无误之后才能获得允许举办博览会的批复。

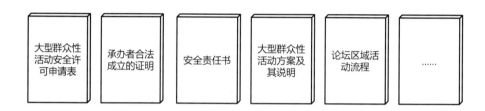

笔者对于这复杂的审批流程并不感到厌烦，反而对这样严谨的审批流程感到敬佩——毕竟举办博览会属于大型活动，确保其安全开展容不得半点差错。

在筹备疗愈博览会的过程中，复杂的审批手续只是"前菜"而已，"正餐"是在获得办展许可之后。举办疗愈博览会真正的两个难点在于招展商与招观众，而支撑招展商和招观众的基础就是投入资金成本。

举办一次疗愈博览会的成本，主要由场地成本、搭建成本、营销成本、物料成本、运营成本和人力成本组成。

场地成本指租赁展览馆的费用；搭建成本指在博览会中布置舞台、

展位、地毯、灯光和桁架的相关费用；营销成本指用于招展商和招观众的宣传费用；物料成本指博览会中的宣传册、观众证、展商证等物料印刷的费用；运营成本指博览会运营期间的安保、安检和实名认证等费用；人力成本包括博览会的管理、运营、设计、技术支持、现场引导的所有人员费用。粗略计算，举办一次疗愈博览会需要100万元以上。

笔者的一位好友询问："你是不是有投资人？"笔者微微一笑，回答道："愈到没有接受任何形式的投资，也暂时不需要投资，所有的费用都是用自有资金付的。"

好友追问道："你为什么不要投资呢？有钱不好吗？"

"有了投资人，往往会有对赌协议[1]，投资人大多是看钱去的，如果疗愈事业完全向'钱'看，那么必定导致急功近利，不利于可持续发展，最后愈到集团就会被资本绑架了。"笔者回复道。

好友继续追问道："那你不怕这钱全亏了吗？"

笔者深吸一口气，对他说："我当然怕这些钱全部亏掉，但就像我举办全球疗愈峰会一样，那时候的成本也将近100万元，我没有退缩，不是因为我不在乎这些钱，而是因为我对中国疗愈事业的信心与责任感。"

好友没有再问下去，点了点头，给笔者竖了一个大拇指。

笔者的另一个拥有千万粉丝的博主好友，在采访笔者时问："举办疗愈博览会的难点是什么？"笔者的回答是"招展商与招观众"。

这位博主很疑惑地继续问道："那么高的成本，不算是难点吗？"

---

[1] 对赌协议，又称估值调整协议，是指投资方与融资方在达成股权性融资协议时，为解决交易双方对目标公司未来发展的不确定性、信息不对称以及代理成本而设计的包含股权回购、金钱补偿等对未来目标公司的估值进行调整的协议。

笔者面带微笑:"高成本不是难点,是一个门槛。任何人想做,都可以通过各种方式筹集100多万元。相对于招展商与招观众来说,这根本不难。"

许多人都与这位博主一样,对于疗愈博览会的难点有误解,认为"成本"才是难点,但事实并非如此。为了更好地消除这个误解,可以换一个角度重新描述这个问题:"如果有100万元,一定可以成功举办第一届疗愈博览会吗?"笔者的回答是:"除了愈到,其他公司几乎不可能。"

为什么笔者有如此的自信呢?主要是因为愈到打破了传统博览会的常规。

在这里需要先介绍**举办第一届博览会的悖论**。在任何一个博览会中,主要的群体有两个,一个是展商,一个是观众。展商为什么要参加博览会?其目的主要有6个:市场拓展与品牌塑造、探寻新客户与合作伙伴、获取行业趋势与进行市场调研、产品展示与技术交流、商务洽谈与合同签订、建立社交网络与行业关系网。

展商参加博览会的**目的**
- 市场拓展与品牌塑造
- 探寻新客户与合作伙伴
- 获取行业趋势与进行市场调研
- 产品展示与技术交流
- 商务洽谈与合同签订
- 建立社交网络与行业关系网

(1)市场拓展与品牌塑造。

博览会是一个高度集中的市场推广平台,展商可以在此展示产品和服务,吸引潜在顾客和合作伙伴的注意;通过参展,展商能够提升企业知名度，树立品牌形象，增强市场的竞争力。

（2）探寻新客户与合作伙伴。

博览会汇聚了大量来自不同地区和有不同需求的观众，为展商提供了一个难得的机会，能够直接与潜在客户和合作伙伴进行面对面的深度交流。通过与观众的深入交流，展商可以了解市场需求，洞察市场动态，发掘有潜力的新客户，同时探索潜在的合作伙伴关系，为企业的业务拓展与战略合作奠定坚实基础。

（3）获取行业趋势与进行市场调研。

博览会通常反映了行业的最新趋势和发展动态，展商可以通过参展洞悉行业前沿资讯，精准把握市场动态。同时，博览会也是进行市场调研的绝佳场所。展商可以利用博览会进行市场调研，收集竞争对手的信息，为企业的战略决策提供数据支持与分析依据。

（4）产品展示与技术交流。

博览会是展商展现其最新研发成果与产品特性的重要窗口，有助于增强产品的市场辨识度和竞争优势。同时，展商还可以借此机会与其他参展商进行技术交流，掌握行业最新的技术动态与创新趋势，促进技术进步和产业升级。

（5）商务洽谈与合同签订。

博览会是商务洽谈和合同签订的重要平台，展商可以在此与潜在客户和合作伙伴进行深入交流，以达成合作意向。通过参展，展商可以大大缩短商务洽谈的时间周期，加速合同签订流程，从而提升整体合作效率。

（6）建立社交网络与行业关系网。

博览会为展商提供了一个与行业内的专业人士、学者和媒体建立联系的平台。借助这一平台,展商能够融入行业社交网络,广泛获取行业资讯与资源,为企业的长远规划与持续发展打下坚实的基础。

展商参加博览会的目的很明确,可举办第一届疗愈博览会没有往届数据和图片供参考,参与博览会的人数和行业影响力没有保证,所以在招展商这个环节上,第一届疗愈博览会可以说是举步维艰。

既然招展商非常困难,那就得从招观众入手。观众多了,展商自然就多了。带着这样的思路,笔者开始着手招观众,但是经过一段时间操作后,发现招观众也异常困难。因为观众来参观博览会,无外乎6个目的:掌握行业动态、挖掘商业机遇、促进学习交流、亲身体验新品、提升专业素养和洞察市场需求。

(1)掌握行业动态。

博览会作为行业交流的盛会,汇聚了最新的技术、产品和服务。观众可以通过参观了解行业的最新发展趋势,掌握前沿技术和产品信息,为自己的业务或研究提供宝贵的参考依据。

(2)挖掘商业机遇。

对于企业观众来说,博览会是一个寻找合作伙伴和优质供应商的黄金机会。通过参观博览会,他们可以发掘新的商业机遇,拓展业务范围,甚至促成新的交易和合作,为企业的未来发展注入新的活力。

（3）促进学习交流。

博览会为观众搭建了一个与同行、专家、学者等交流的平台。观众可以参加研讨会、讲座等活动，学习新知识、新技能，并与业界人士建立联系，拓宽人脉资源。

（4）亲身体验新品。

博览会上会包含许多最新的产品或服务，观众可以亲身体验这些新产品，了解其性能和特点。这不仅有助于观众更好地了解市场趋势，还能为未来的购买决策提供参考，提升消费体验。

（5）提升专业素养。

对于专业观众来说，参观博览会是一个了解行业最新技术、标准和法规的绝佳机会。通过参观和学习，他们可以提升自己的专业能力，增强竞争力，为职业生涯的发展创造更多可能性。

（6）洞察市场需求。

对于想要进入新市场的观众来说，博览会是一个洞察市场需求、了解竞争对手的重要平台。通过参观博览会，他们可以深入了解市场趋势，为企业的市场策略调整提供有力支持。

观众参与博览会的目的也很明确，可举办第一届疗愈博览会没有往届数据和往届图片供参考，参与博览会的展商数量和行业影响力没有保证。这时，第一届疗愈博览会的招募工作就陷入了两难境地——展商要依据观众的质量和数量来确定是否参展，观众要依据展商的质量和数量来确定是否来参观。

面对这样的困境，笔者四处找资深前辈讨教，可收效甚微。因为通常是行业成熟之后才会有相应的博览会出现，这样招展商和招观众才是有市场基础的。疗愈是一个新行业，即便有巨大的疗愈需求，但还没有构成疗愈产业链，贸然举办疗愈博览会，必定会举步维艰。一位从业近三十年的展会专家对笔者说："你这是在教育市场，不仅要改变展商的认知，还要改变观众的认知，其中做成任何一件事的难度都犹如登天，你还要在3个月里同时做这两件事，真不知道你是胆子大，还是傻，你一定会头破血流的。"

2.3 史无前例的18项举措

这时,愈到集团的合伙人周新艳说:"既然我们不能向外求,找不到可以借鉴的资源,那我们就向内求,找找愈到已有的资源优势。"正是这句话点醒了笔者,笔者当即决定打破传统博览会的常规,重新建立一套属于疗愈博览会特有的规则。这不仅是愈到主动的选择,也是被迫的无奈之举。

愈到集团所有的小伙伴集所有精力和资源,从3月初到5月31日第一届疗愈博览会举办前,在短短的3个月的时间里,一共做了18项打破博览会常规的举措,最终才让这史无前例的疗愈博览会顺利举办。

举措1:激活已有资源

愈到集团在2023年就举办了4届疗愈节,涵盖了创意园区、高端营地和网红打卡地等,在上海和广州就有数千名忠实的粉丝。

  2024年1月，愈到集团在上海阿纳迪酒店举办了"愈到·全球疗愈峰会"，集结了来自中国、美国、德国、澳大利亚、印度的各行业顶尖的专家学者和顶级大咖，就"共建疗愈市场·共享疗愈经济"为主题展开了一系列的高峰论坛和分享，现场也有近400名观众。

  展商和观众虽然没有往届的疗愈博览会做参考，但是曾经参加过愈到举办的疗愈节和"全球疗愈峰会"的用户都是对愈到集团极其信任的，所以笔者就让愈到集团的客服人员与已有用户进行一对一沟通，

邀约他们前来参观与参展,从而有了第一批种子用户。这些为第一届疗愈博览会聚集近20 000名观众打下了坚实的基础。

举措2：举办疗愈艺术展览

2024年3～4月，愈到集团举办了主题为"愈·无界∞"的首届线上疗愈艺术展，集结了国内外100余名疗愈艺术家，在1个月的时间里有超过10万人参与浏览与评选。

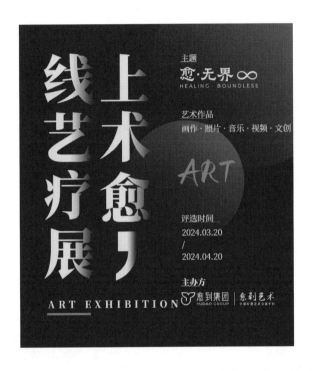

线上艺术疗愈展不仅为艺术家们提供了全新的商业模式，而且为全球疗愈需求者提供了线上疗愈新模式。以此为基础，笔者决定在疗愈博览会中单独开辟一块区域做"疗愈艺术展"，这块展览区域不收费，但是可以满足观众促进学习交流和提升专业素养的需求，许多观众会因为疗愈艺术展而来参观疗愈博览会。在第一届疗愈博览会上，疗愈艺术展也被许多观众评价为"最疗愈的画展"。

举措3：开设疗愈工作坊体验

在已经举办的4届疗愈节和全球疗愈峰会上，用户体验感最强的莫过于疗愈工作坊了。考虑到疗愈工作坊这种形式完全可以在疗愈博览会中呈现，于是愈到集团就在疗愈博览会中单独搭建了3个房间，供用户体验疗愈工作坊，并联系国内外顶尖的疗愈师，为第一届疗愈博览会的观众们提供3天34场形式各异的疗愈工作坊。每个疗愈师有独立的空间，可以在1个小时内给用户提供各种样式的疗愈体验活动。

大量专业而密集的工作坊，满足了观众促进学习交流、亲身体验新品和提升专业素养的需求，吸引了更多观众来参观疗愈博览会。在博览会期间，许多工作坊里气氛热烈，大家都认为在3天内能够领略如此之多的工作坊，真是太超值了。

举措4：开设疗愈音乐会

在愈到集团已经举办的4届疗愈节和全球疗愈峰会上，疗愈音乐会是用户参与度较高的一种活动，不管是手碟、颂钵、唱诵还是铜锣，都会吸引数十名甚至上百名观众围观，他们纷纷拿出手机拍摄。

专业的疗愈演出满足了观众促进学习交流、亲身体验新品和提升专业素养的需求，就可以吸引更多观众来参观疗愈博览会。这也是疗愈博览会上，舞台表演环节座无虚席的重要原因。

2　第一届疗愈博览会——血水与礼花　　49

举措5：举办新品发布会

考虑到展商参与博览会的目的之一是市场拓展与品牌塑造，因此，愈到集团特意在疗愈博览会中开设了新品发布会模块，展商提交产品资料并通过审核后，就可以在疗愈博览会的舞台上进行新品发布。这既满足了展商市场拓展与品牌塑造的需求，又满足了观众掌握行业动态的需求。在第一届疗愈博览会上，疗愈音乐、芳香产品等都举办了新品发布会，三清山文旅目的地也开展了推介活动。

举措6：举办青少年公益讲堂

第一届疗愈博览会的第二天就是六一儿童节，为此，愈到集团特意邀请了三位专家开设青少年公益讲堂，分别是礼学疗愈家族文化管理系统创建者张洋睿，中国刀锋战士、"学习强国"纪录片人物独脚潘和教育部心理学教学指导委员会委员、上海体育大学心理学院教授贺玲峰。通过青少年公益讲堂，可以吸引更多父母带着自己的孩子来疗愈博览会现场。

2　第一届疗愈博览会——血水与礼花　53

举措7：20米的视觉盛宴

疗愈博览会的背景屏幕宽20米、高4米，这对于任何人来说都是巨大的视觉震撼。虽然其搭建成本极高，但是它能够帮助观众更好地实现促进学习交流和提升专业素养的目的，也可以帮助展商更好地进行新品发布，达到市场拓展与品牌塑造的目的。

举措8：现场签名售书

得益于复旦大学出版社在紧迫时间内的高效工作，笔者于5月30日顺利拿到《疗愈经济》一书，并在5月31日疗愈博览会现场进行了首发和签售。作为国内第一本疗愈经济领域的书，既满足了展商获取行业趋势与进行市场调研的目的，也满足了观众掌握行业动态的目的，因此，疗愈博览会的现场图书签售活动引来了众多疗愈相关领域负责人、疗愈爱好者排队购书，不少人与笔者合影留念。

举措9：举办疗愈美业峰会

愈到曾经成功地举办过全球疗愈峰会，何不在细分领域中再开一次峰会？这样既能够满足展商获取行业趋势与进行市场调研的目的，也能够满足观众掌握行业动态的目的。为此，愈到集团联合万菁集团，在第一届疗愈博览会中单独开辟出一块区域，布置了独立的舞台和大屏幕，举办了主题为"共建疗愈新市场，共享美业新经济"的疗愈美业峰会。

此次疗愈美业峰会的参与者除了来自北京、深圳、广州、浙江、新疆等12个省区市的疗愈美业从业者外，还有来自韩国、美国、英国、日本、澳大利亚等国家的疗愈美业爱好者，共聚集了近400位疗愈美容行业领军人物。

比如，现场有来自印度的阿育吠陀专家和国内资深的双美实操专家进行实操演示，并通过现场直播的方式让在线参与峰会的观众也能

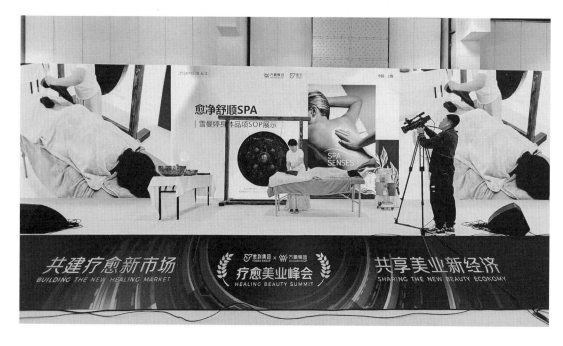

够深入学习。

如此内容丰富而专业的疗愈美业峰会,展示了疗愈在各个细分领域的应用,让疗愈博览会的专业程度大大提升。

举措10:打卡领礼品和抽奖获礼品

为了更好地提升观众的参与感,在第一届疗愈博览会中,愈到集团特意增加了打卡领礼品和抽奖获礼品的环节。观众可以参与抽奖,奖品从5元到1 000元不等,中奖率为100%;还可以凭打卡本到指定展位领取礼品,这样不但增加了观众的乐趣,还给展商做了引流,让展商达到了探寻新客户与合作伙伴的目的。

举措11：进行照片和视频直播

展商参展的核心目的之一是市场拓展与品牌塑造，尽管该次博览会吸引了近20 000人次的参观者，但还是有人数上限。为了最大化品牌曝光度，愈到集团聘请了3位摄影师和3位摄像师，为每个参展商提供专业的摄影摄像服务。此外，博览会还全程进行照片直播和视频直播，这不仅有助于展商在全国范围内提升其产品和服务的知名度，而且为那些无法亲临现场的观众提供了在线参观博览会的机会，同时为第二届博览会积累了观众基础。

举措12：印制10 000本宣传册

作为疗愈博览会的主办方，为了让每个展商都获得最大的曝光度，愈到集团将每个参展商的相关图文信息制作成精美的宣传册，并

免费发放给每个观众，总数超过10 000本。虽然宣传册的印刷费用高昂，但是这不但让展商达到了市场拓展与品牌塑造、探寻新客户与合作伙伴的目的，而且让观众达到了挖掘商业机遇和洞察市场需求的目的。

举措13：对展商一刀切的审核

愈到集团在与每个展位签署协议时，明确要求展商不涉及宗教、灵性、灵媒、玄学、塔罗、阿卡西及违反国家公序良俗的内容。

有许多涉及以上内容的展商希望参展，从广义上来说，他们也许可以给部分用户提供疗愈的价值，但是作为一个大型公众活动来说，愈到集团没有能力把握好他们在疗愈博览会中的影响力。为了让疗愈事业可持续发展，笔者决定对这些内容一刀切——全部拒绝他们的参展申请，用严格的审核机制确保疗愈博览会的正常进行。

举措14：对宣传物料严格的审核

虽然在参展协议中明确了对于宗教、灵性、灵媒、玄学、塔罗、阿卡西及违反国家公序良俗内容的零容忍，但为了确保万无一失，愈到集团会在博览会搭建期间，严格检查每个展商的宣传物料是否合规；在开展期间，也安排工作人员不间断地巡逻，确保疗愈博览会的每一个环节都不触犯法律，不违反国家公序良俗；并且对于上台发言的专家，会将其演讲PPT进行逐字检查；而对于上台表演的嘉宾，会将其背景图片或背景视频进行逐帧检查。愈到集团已尽可能地将所有可能出现敏感问题的环节进行严格的审核，以确保第一届疗愈博览会顺利举办。

举措15：教育市场，耐心沟通

在第一届疗愈博览会的近100个展商中，有73%以前从未参加过博览会。

未参加过博览会

这就意味着大部分展商不懂什么是标展，什么是特展，所有对接展商的工作人员都需要耐心地讲解展商手册、楣板、印刷物料、隔板材质、墙面印刷尺寸、射灯位置、展具租赁、水电租赁、卸货时间、场地管理费、搭展注意事项、撤展注意事项等一系列近100多个基础问题。

70多个展商，假设每个问题只问一遍，就有7 000余次交流，这还不算有些展商问题描述不清，或者喜欢与客服聊天的情况。笔者对于所有对接展商的工作人员的要求是有问必答，除了21:00～07:00的休息时间外，其他问题需要在15分钟内回复；所有工作人员在第一届疗愈博览会开展前，几乎天天加班，回家之后也不忘回答展商的问题。愈到集团虽然通过招聘不断地扩充服务人员，但面对海量的问题，有时连3位创始人——花爷、周新艳和笔者，都需要亲自上阵。待疗愈博览会获得圆满成功后，笔者给所有员工开了庆功宴，每位员工的笑容里都含着泪花，因为他们都知道这些来之不易，他们付出的不仅是汗水和泪水，更是艰辛的"血水"。

举措16：给予展商商业指导

27%的展商参与过博览会，并不代表他们对于疗愈产业链有深刻的理解，大部分展商的思维仍停留在"我能在疗愈博览会里卖多少货"的简单想法中。这一想法本无过错，但如果只把疗愈博览会看成卖货的场所，那么博览会就会沦为展销会，而丧失其引领疗愈产业发展的使命。所以笔者会给每个对接展商的工作人员进行培训，告诉他们要引导展商提升商业思维，促使厂商从简单的卖货转向更高层次的商业布局。如果展商拥有成熟的商业模式，就要推出全国性的加盟体系；如果仅仅提供产品和服务，尚未形成成熟的商业模式，就要在博览会前充分考虑产品和服务的应用场景，比如是应用在酒店中还是应用在美业空间内，是直营销售产品，还是寻找代理以拓展全国市场。

传统的博览会举办方把博览会作为自己的主营业务，而愈到集团做的是全球疗愈资源整合平台，疗愈博览会只是其中的产业链展示平台。正是因为如此，笔者才会花费精力去给展商做商业指导，这或许在当下对于博览会本身的助益并不显著，但是对于疗愈产业的发展具有不小的推动作用。

举措17：观众问题一对一解决

愈到集团对于展商的咨询做到有问必答，对于观众的问题也做到了一对一解决，近20 000名观众几乎都会添加客服小助手进行问题咨询。因为疗愈博览会没有先例，观众也从未参与过，所以咨询的问题之多令人咋舌，例如："疗愈博览会在哪里举办？""疗愈博览会能不能

3天都来?""疗愈博览会里有哪些产品?"此类常规问题如潮水般涌来,更别说还有"我在湖南长沙,你告诉我到博览会坐什么车?""我现在20岁,很不开心,参加博览会能让我开心吗?""我能通灵,我能上台讲两句吗?""你们的核心商业模式是什么?""我们有6个人,预算200元,能给我在博览会附近安排一间房间吗?"等奇奇怪怪的问题,让客服小助手很无奈。笔者对客服小助手的要求是尽可能回答,回答不了就耐心引导。每天在办公室中,客服们将一个个"奇葩"问题与同事分享,反而成了紧张工作中可以调剂心情的一份安慰剂。

举措18:不计成本的营销费用

举办一次疗愈博览会的成本,主要由场地成本、搭建成本、营销成本、物料成本、运营成本和人力成本组成。传统的博览会举办方会将博

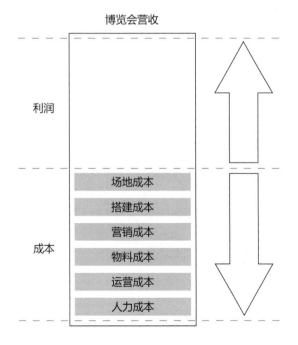

览会的营收作为自己的主营业务收入，通过压缩成本获得最大利润。

  这种传统的追求利润的做法没有问题，但以建立疗愈产业链为己任的愈到集团并不会因追求利润而压缩成本。比如就搭建大屏幕来说，通常10米宽就已经是超大屏幕了，而且这属于增值服务的范围，也就是说，博览会中有没有屏幕，不会影响招展商和招观众，但是为了托举疗愈产业，笔者并没有压缩这笔成本。

  同样，在营销上，笔者也是不计成本的。许多人认为第一届疗愈博览会能有近20 000人参加，是因为愈到集团撞对了疗愈的风口，吃到了市场的红利。可他们不知道的是，为了能够让更多的人知晓疗愈博览会，在小红书、朋友圈和抖音等渠道，笔者花费了数十万元的营销费用，再加上十余名客服人员日夜不停地回复，才成就了第一届疗

愈博览会的盛况。

总之，愈到集团所有的小伙伴从3月初到5月31日第一届疗愈博览会举办前，在短短的3个月的时间里，一共实施了以上18个举措，最终才让这史无前例的"第一届"顺利举办。其中缺失任何一项，都有可能让第一届疗愈博览会惨淡收场。正如俗语所说"外行看热闹，内行看门道"，只有真正举办过博览会，才能知晓其中的艰辛。

2.4 绽放奇迹的礼花

第一届疗愈博览会轰动了整个疗愈行业,3 天时间现场观众有近 20 000 人,视频直播观看者超过 10 万人,现场成交额 1 200 多万元。有 4 家电视台对疗愈博览会进行了报道。

关注民生的上海新闻综合频道对愈到集团举办第一届疗愈博览会给予了高度评价。

关注经济的第一财经频道充分肯定了第一届疗愈博览会的价值与潜力。

关注生活的"生活时尚"频道也毫不吝啬地给予了极高的赞誉。

在全国播出的星空卫视对第一届疗愈博览会的盛况进行了全面的报道。

博览会除了吸引了全国各地的疗愈从业者外,更吸引了全世界各地的疗愈爱好者,他们跨越山海,只为亲身参与这场"盛宴"。

第一届疗愈博览会有近200个疗愈品牌参与展出,涵盖了整个疗愈产业链,包含疗愈文旅、疗愈美业、疗愈产品、疗愈艺术品、疗愈文创、疗愈玩具、疗愈仪器、疗愈服饰、疗愈乐器、疗愈空间、疗愈服务、疗愈科技等品类。

各种疗愈品类受到了专业观众的喜爱和追捧。

当第一届疗愈博览会圆满落下帷幕时，笔者心中满是感慨：愈到集团已经在疗愈行业站稳了脚跟。当与国内各大专业展会公司老总交流之时，笔者惊喜地发现，愈到集团一个不小心就创造了会展行业的两个奇迹：一个是超乎想象的招展速度，另一个是令人惊叹的观众规模。

（1）招展速度。

回想愈到集团从确定展馆开始，到马不停蹄地奔走于展会、公安、消防和防疫等审批流程，再到5月31日开展，满打满算也就短短3个月左右的时间。我们作为零基础的"小白"，一点一点地学习如何向上级主管部门报批，学习如何搭展搭建等，还凭借18项举措，硬生生在会展行业闯出一片天。要知道，仅SOP（标准作业程序）流程就多达100多项。对于一个成熟的展会来说，这般复杂的流程通常也需要至少半年的时间来精心筹备，而愈到集团举办的疗愈博览会是国内首届，毫无市场积累可言。但我们就是在没有经验、没有支持、没有积累的情况下用3个月时间筹办了一场盛大的疗愈博览会。这的确是一个奇迹。

（2）观众规模。

据会展行业从业30年的老前辈所言，一般一个展会需要用3届的时间来培育，即花3年时间才能慢慢被市场认可，才会有很多的展商和观众，而笔者举办的第一届疗愈博览会就吸引了近20 000名观众，直接跳过3年的市场培育期，一出场就是巅峰，第一届就是"王炸"，堪称奇迹。

如海水一般涌来的好评与夸奖，就好像是给愈到集团所有工作人员的礼花一样，让我们沉浸在欢乐之中。但笔者并没有被胜利冲昏头脑，而是冷静地分析已有的用户数据，为下一届的疗愈博览会做决策支撑。以下就是第一届疗愈博览会九大方面的用户数据。

第一届疗愈博览会用户数据分析
- 人数与人次
- 复游人数
- 参观时长
- 地域分析
- 性别分析
- 年龄分析
- 性别年龄分析
- 需求分析
- 职业分析

① 人数与人次。

第一届疗愈博览会3天时间实际参观人数为19 474人，总参观人次为25 450人次（有部分观众参观2天或3天）。

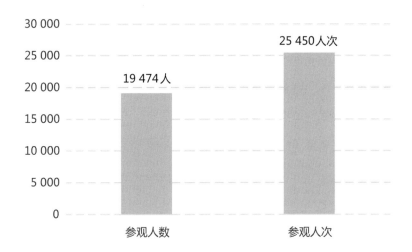

② 复游人数。

有部分观众仅来1天，有部分观众来2天，有部分观众来3天，具体数据如下。

复游人数

参观天数	人　数	占　比
1天	15 108	77.50%
2天	2 756	14.24%
3天	1 610	8.26%
合　计	19 474	100%

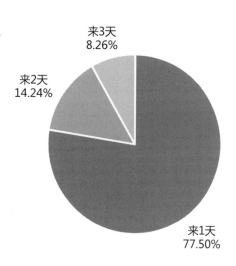

③ 参观时长。

第一天和第二天的观众入场时间为9:00，离场时间为17:00；第三天的观众入场时间为9:00，离场时间为14:30。观众每天的参观时长如下图所示。

参观时长

天　数	总时长	平均参观时长	占　比
第1天	8小时	4.8小时	60.0%
第2天	8小时	5.0小时	62.5%
第3天	5.5小时	3.4小时	61.8%
合计	21.5小时	13.2小时	61.4%

平均每日参观时长：4.4小时

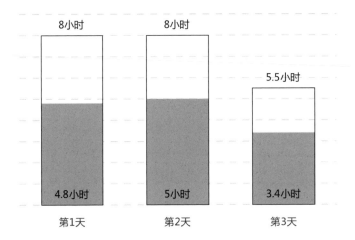

④ 地域分析。

第一届疗愈博览会观众排名前十的地域如下。

地域分析

地　域	人数（人）	占　比
上　海	10 056	51.6%
广　东	2 453	12.6%
浙　江	1 980	10.2%
北　京	1 343	6.9%
江　苏	977	5.0%
四　川	854	4.4%
中国香港	684	3.5%
江　西	519	2.7%
中国台湾	167	0.9%
重　庆	160	0.8%
其　他	281	1.4%
合　计	**19 474**	**100.00%**

⑤ 性别分析。

第一届疗愈博览会的性别数据如下图所示。

性别分析

性 别	人数（人）	占 比
男性	4 259	21.87%
女性	15 215	78.13%
合 计	19 474	100%

⑥ 年龄分析。

第一届疗愈博览会未统计未成年人数据，但根据笔者观察，参观第一届疗愈博览会的最小观众不足1岁，还在妈妈的怀抱之中，而年龄最长者达75岁。具体年龄分析如下。

年龄分析

年龄	人数（人）	占比
20岁以下	103	0.53%
21～30岁	5 798	29.77%
31～40岁	8 741	44.89%
41～50岁	3 525	18.10%
51～60岁	1 074	5.52%
61岁以上	233	1.20%
合计	19 474	100%

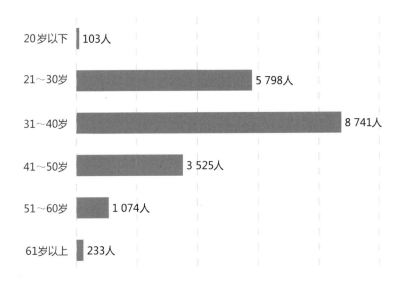

⑦ 性别年龄分析。

参观第一届疗愈博览会的性别和年龄分布，是许多疗愈从业者关心的信息，其详细数据如下。

年龄性别分析

年龄	男性数量（人）	男性占比	女性数量（人）	女性占比	合计（人）
20岁以下	23	0.12%	80	0.41%	103
21～30岁	1 257	6.45%	4 541	23.32%	5 798
31～40岁	1 889	9.70%	6 852	35.19%	8 741
41～50岁	775	3.98%	2 750	14.12%	3 525
51～60岁	287	1.47%	787	4.04%	1 074
61岁以上	28	0.14%	205	1.05%	233
合计	4 259	21.87%	15 215	78.13%	19 474

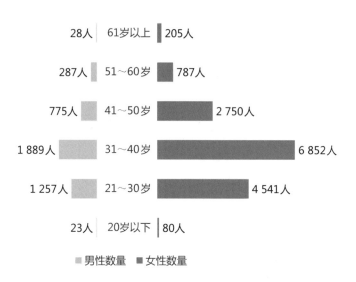

⑧ 需求分析。

观众来参观第一届疗愈博览会的目的各有不同，对他们的需求分析数据如下。（以下需求为多选）

需求分析

需求描述	人数（人）	占比
疗愈采购	13 258	68%
学习交流	12 906	66%
疗愈体验	10 589	54%
异业合作	6 490	33%
代理加盟	2 548	13%
其他	2 432	12%

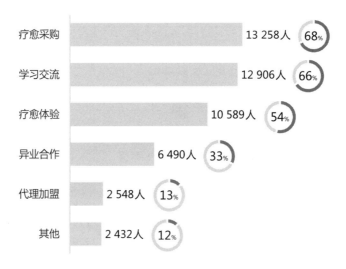

疗愈采购指的是希望通过博览会采购相关的设备、产品和疗愈服务；学习交流指的是参加专家论坛、与展商交流，从而提升专业知识，与同行交流经验；疗愈体验指的是参加工作坊或看表演，了解并体验最新的疗愈技术和产品，如自然疗法、艺术疗愈、音乐疗愈等；异业合作指的是希望通过博览会寻找跨行业的合作伙伴，拓展业务渠道；

代理加盟指的是通过博览会寻找合适的疗愈产品和疗愈解决方案，进行代理或者加盟。

（9）职业分析。

在第一届疗愈博览会中，有来自全世界各地的观众来参观，他们的职业分析数据如下（以下职业为多选）。

职业分析

职　　业	人数（人）	占　　比
个体用户	13 747	71%
企业采购方	7 509	39%
周边厂商	894	5%
空间方	10 055	52%
疗愈提供方	5 640	29%
主管部门	892	5%
其　　他	1 205	6%

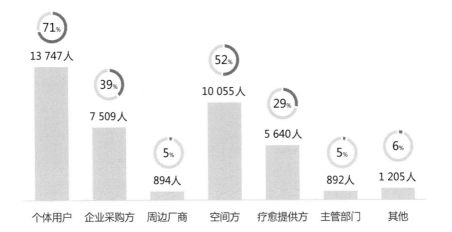

个体用户指的是对身心健康、自然疗法、艺术疗愈等感兴趣的个人消费者；企业采购方指的是企事业单位的相关负责人；周边厂商指的是一些疗愈产品的生产厂家；空间方指的是酒店民宿、度假村、文旅景区、商场、餐饮场所、园区、田园综合体、康养中心和美业空间等疗愈空间；疗愈提供方指的是疗愈师、心理咨询师、健康管理专家等；主管部门指的是各省市、区县的文旅局及相关指导单位。

以上用户数据几乎是所有疗愈从业人员都想获得的关键信息，按常规思路来说，这是举办疗愈博览会的重要经验，但笔者毫不犹豫地将这些数据公之于众，就是希望有更多的人参与进来，将这些数据分析作为决策支撑，共同将疗愈需求转化为疗愈产业链，最终转变为疗愈经济。

3

第二届疗愈博览会
——泪水与鲜花

3.1 从长三角到粤港澳大湾区

3.2 第二届疗愈博览会的7项新举措

3.3 小而美的第二届疗愈博览会获得鲜花

3.4 两届疗愈博览会用户数据分析

3.1 从长三角到粤港澳大湾区

第一届疗愈博览会在诸多方面都获得了非常不错的成绩。无论是展商的高度评价还是观众自发的诚挚感谢；无论是四家主流电视台的官方报道，还是小红书、抖音、视频号这些自媒体平台上赞美的声音；甚或是愈到公众号的阅读量，都让愈到集团引以为豪。

许多展商在博览会结束后询问："什么时候举办第二届啊？我要订个大的展位。"不少观众也咨询道："第二届什么时候？我要带朋友一起来，这次太有收获了。"按照常规的博览会举办思路来说，第二届势必先在上海站稳脚跟，安排在2024年底或2025年初，待到在上海夯实用户基础之后再走出上海，迈向全国。

但是在愈到集团爆发式成长过程中，一直有个"自杀式成长"的基因，把自己看成自己的竞争对手，不断地打败自己，不断地进化成长——从第一届疗愈节的园区举办模式进化到第二届疗愈节的营地举办模式，从免费模式革新为收费模式，从上海疗愈节的本地模式拓展至全国模式，从疗愈节发展到全球疗愈峰会，又从全球疗愈峰会演进至第一届疗愈博览会。

许多好友在《疗愈经济》一书中看到笔者关于"自杀式成长"的描述后，纷纷感叹笔者的创业精神，调侃道："你真能折腾啊！"的确，

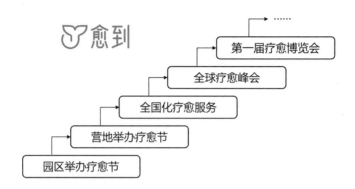

"自杀式成长"是艰辛而又痛苦的,需不断创新与变革,好像每天都是创业的第一天,但正是因为有这样的魄力,愈到集团才能成为疗愈行业的开拓者,助力疗愈需求升级为疗愈产业链,进而转化为疗愈经济。

秉承着"自杀式成长"的基因,愈到集团已经在地处长三角的上海举办了第一届疗愈博览会,那么第二届疗愈博览会在哪里举办呢?经过对第一届疗愈博览会中用户地域的细致分析,笔者发现在第一届疗愈博览会中,广东省用户占比为12.6%,排名第二。

第一届疗愈博览会-地域分析

地域	人数(人)	占比
上海	10 056	51.6%
广东	2 453	12.6%
浙江	1 980	10.2%
北京	1 343	6.9%
江苏	977	5.0%
四川	854	4.4%
中国香港	684	3.5%

（续　表）

地　域	人数（人）	占　比
江　西	519	2.7%
中国台湾	167	0.9%
重　庆	160	0.8%
其　他	281	1.4%
合　计	**19 474**	**100.00%**

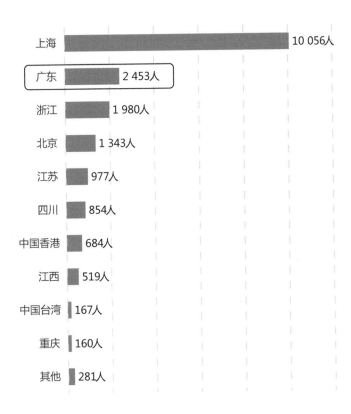

从观众角度来说，广东到上海的机票往返价格在900元以上，飞行时长约为2个小时。就算只参观一天博览会，也需要在上海住一晚，

第二天再返程，而第一届疗愈博览会举办地上海世贸展馆附近的酒店均价在400元左右。这意味着，从广东到上海来参观疗愈博览会，至少需要花费2天的时间和1 300元费用。尽管既耗时间，又耗金钱，从广东来参观疗愈博览会的人数还是高达2 453。

进一步从详细数据中可以看出，广州和深圳的参观人数最多，而广州和深圳同属于粤港澳大湾区。推进粤港澳大湾区建设，是以习近平同志为核心的党中央作出的重大决策，是习近平同志亲自谋划、亲自部署、亲自推动的国家战略，也是推动"一国两制"事业发展的新实践。[1]2019年2月18日，中共中央、国务院印发《粤港澳大湾区发展规划纲要》。按照规划纲要，粤港澳大湾区不仅要建成充满活力的世界级城市群、国际科技创新中心、"一带一路"建设的重要支撑、内地与港澳深度合作示范区，还要打造成宜居宜业宜游的优质生活圈，成为高质量发展的典范。以香港、澳门、广州、深圳四大中心城市作为区域发展的核心引擎。[2]

最新数据显示，截至2024年11月，粤港澳大湾区以14万亿元人民币的GDP超越东京湾区，成为全球第一大湾区。粤港澳大湾区以不到全国1%（5.6万平方千米）的国土面积、5%的人口总量，创造出了全国11%的经济总量。[3]

从这些数据看出，粤港澳大湾区在经济实力和全国发展地位方面具有不可替代的重要性，可第二届疗愈博览会究竟开在广州还是深圳呢？为此，笔者在2024年6月底到广州和深圳进行了实地考察。

---

1 http://www.cnbayarea.org.cn/introduction/content/post_165071.html.
2 https://www.gov.cn/zhengce/202203/content_3635372.htm#1.
3 https://wxrb.com/doc/2024/11/17/375456.shtml.

广州和深圳两地都是粤港澳大湾区的核心城市，不仅拥有便利的交通网络，而且都享有相应的政策支持，展馆设施也非常完善，国际化程度在国内更是名列前茅。最终让笔者下定决心在深圳会展中心举办第二届疗愈博览会的一个重要原因，就是在第一届疗愈博览会上，香港观众占比达到3.5%，排名第七，而深圳离中国香港很近，从深圳福田站到中国香港西九龙站仅需14分钟，地铁、巴士和轮船都有众多班次可达。此外在第一届疗愈博览会招募展商期间，有许多中国香港的展商想来参展，笔者就想借由深圳打开中国香港市场。何况深圳和广州的车程不到两个小时，在深圳举办第二届疗愈博览会完全可以辐射到广州。

3.2 第二届疗愈博览会的7项新举措

如果说举办第一届疗愈博览会付出的代价是"血水"的话，那么于2024年11月28日至11月30日在深圳会展中心举办的第二届疗愈博览会则相对轻松一些，只需要付出泪水就可以了。毕竟，直接沿用第一届的18项举措就可以继续创造辉煌，但是秉持着"自杀式成长"的基因，愈到集团为了第二届疗愈博览会，在原有的18项举措上又增添了7项创新的举措。

举措1：展商可视化自由选择展位

经过调查发现，以往展商参加展会，都是先填写一份申请，然后由主办方分派位置，整个过程中，展商并没有选择展位所在区域的权利。

愈到决定打破这种让展商无法自由选择展位的惯例，将所有展位以可视化的方式公开，让展商自由地选择和预订展位。

展商只要打开相应的愈到小程序界面，就可以随时查看第二届疗愈博览会的展位地图，并可以直接在线预约展位，而且不会出现某个

展位被2个人预订的情况，后期展商负责人只要根据预订情况签订合同即可。

这项举措虽极大方便了展商，但也给愈到集团带来两个弊端。一是展商的优柔寡断会导致其不断地修改展位，据统计，在第二届疗愈博览会中，换展位的最高纪录为9次，让人甚是头疼；二是疗愈博览会的招展进度会被展商清晰地看到，当然笔者认为这是对疗愈博览会主办方的鞭策——要尽快招募到更多的展商。

举措2：为每位展商制作线上宣传图

在第一届疗愈博览会期间，愈到集团印刷了10 000本宣传册给观众，并且给每位展商提供了半页免费的宣传册广告区域，其目的就是最大化地为展商进行品牌宣传。然而在实际收集这半页宣传资料时，我们发现许多展商没有专业的设计师，除了愈到提供的宣传册和自己

的展位外,也很少做线上推广,所以笔者决定,由愈到集团出资,免费为每个展商制作线上宣传物料。展商只需提交相关的产品图片或宣传资料,愈到集团的专业设计师就会制作十余张宣传图供展商发朋友圈、视频号和小红书。

举措3:为每位展商制作宣传视频

宣传图只是互联网中营销展商产品和服务的一种方式,现在更为普遍的是通过短视频宣传。但是初入疗愈行业的展商没有时间和精力,也没有专业资源去拍摄短视频,因此,愈到集团特意安排了摄影师给

商家录制采访视频,用于展商的营销发布,该视频也会在愈到平台发布,这样可以为展商的产品和服务最大化地做宣传,并且所有的摄影费用和视频后期剪辑费用均由愈到集团承担。

举措4:每个观众都可以聆听专家分享

在第一届疗愈博览会中曾举办疗愈美业峰会,规格很高,专家很多,颇受赞誉。当时为了保障峰会的私密性,在峰会的四周用隔板围挡了起来。这是绝大部分博览会都会做的事——开辟独立的空间做专家分享和大咖论坛,发布一些行业趋势和最新的动态。但作为疗愈行业的开拓者,为了能够让更多的人了解并加入疗愈行业,笔者决定在第二届疗愈博览会中将表演舞台和专业的峰会舞台合并,不再有任何围挡,任何观众都可以来参观和学习。

为了不让观众觉得枯燥，峰会舞台上的安排每天不重样。疗愈演出、大咖分享、专家论坛和新品发布是互相交叉在一起的，当听取专家的专业分享后觉得有些疲惫时，下一个节目就会是疗愈表演。现场提供的240个座位从未空过，舞台周围时常围满了人群。

举措5：对小红书和B站的高粉丝博主送礼

第一届疗愈博览会的打卡领礼品和抽奖获礼品获得了展商和观众们的肯定，但笔者发现，这两种方式都是在针对疗愈博览会中已有的观众。如何才能够进一步扩大展商的宣传面呢？最终笔者想出了一个方法——将抽奖获礼品改为高粉丝博主免费领礼品。

如果某个观众B站的粉丝数量大于5 000人，或者小红书粉丝量大于2 000人，经过登记，就可以获得一张免费礼品的兑换券，凭兑换券就可以到相应展位上领取礼品。这样做的目的就是通过赠送礼品让展商链接到高粉丝博主，从而进一步让博主为其疗愈产品和服务做推广。

举措6：小程序中开设博览会模块

对于来参观的观众来说，需要了解太多的信息，包含展会信息、疗愈博览会的交通指南、专家论坛的安排、疗愈演出的安排、大咖分享的安排、新品发布的安排、工作坊的安排、疗愈艺术展的位置、打卡礼品的展位列表、高粉丝博主送礼的展位列表、现场照片直播和视频直播的链接、所有展商的名录、疗愈博览会现场的地图以及预约下届参展的联系方式等。

为了能够给观众一站式的信息资源平台，笔者让愈到集团的IT部门在愈到小程序中单独开发了一个按钮，用户单击后可以一目了然地看到以上所有信息。

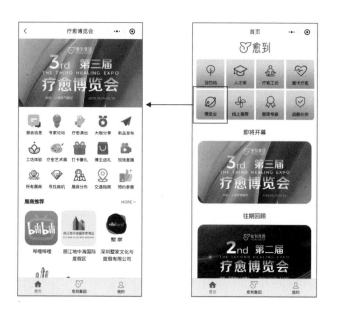

举措7：在博览会内部提供餐饮

第一届疗愈博览会的观众平均每日参观时长是4.4小时，当笔者在考虑如何提升这个数字时，发现许多观众在逛博览会时频繁出入，经过后期回访调查后才发现，这些观众都是出去买咖啡和吃午饭，结束之后再回到博览会继续逛。博览会3天的时间本来就很宝贵，如果还要让观众出门去采购餐饮，着实有些浪费时间与精力，所以笔者与深圳会展中心的餐饮部签订了协议，其中特别强调了3点：搭建要美观，餐饮要卫生，气味不能太大。最终在博览会内部提供餐饮的举措获得了各方的好评。这一贴心安排让观众无须外出便能解决咖啡、午餐和下午茶的需求，能够有更多时间沉浸在疗愈博览之中，还能让展商有更多的时间与观众互动交流。这一切的背后，最累的就是负责疗愈博览会餐饮服务的工作人员，每天从10:00至17:30片刻不得停歇，原本只有3个工作人员，后来紧急调派人手，增至7个工作人员，才勉强应付。

第一届疗愈博览会的举办时间是5月31日至6月2日，第二届疗愈博览会的举办时间是11月28日至30日，中间只间隔了6个月。这6个月里不但要从上海跑到深圳做展会前的申报和审批，还需要不间断地招展商和招观众，愈到集团的每一位小伙伴都异常艰辛，但是比起第一届疗愈博览会毫无基础可言的"打江山"付出的血水来说，第二届疗愈博览会"守江山"付出的泪水就轻松许多了。

3.3 小而美的第二届疗愈博览会获得鲜花

第二届疗愈博览会于2024年11月28日至11月30日在深圳会展中心6号馆举办，展厅面积为7 500平方米。笔者在预订展会时没有想到，万美京·深圳国际美博会暨深圳国际大健康美丽产业博览会就在隔壁同一时间开展，他们的展览规模超40 000平方米，是我们的5倍多。仅从户外媒体的宣传来说，疗愈博览会宽8米、高4米的户外桁架，在美博会上百平方米的桁架面前，显得特别渺小（疗愈博览会的桁架在下图左下角）。

当笔者知道全国著名的美博会在疗愈博览会同期举办时，起初非常担心，毕竟美博会的目标客户人群和疗愈博览会是高度重合的，生

怕所有的人都去美博会那里。但是仔细思考后发现，美博会给观众提供的是外在的"美"，而疗愈博览会给观众提供的是内在的"疗愈"，两者并不冲突。疗愈博览会的观众会去美博会，而美博会的观众也会到疗愈博览会来，两个博览会可以互相导流。疗愈博览会和美博会是共赢关系，而不是竞争关系。

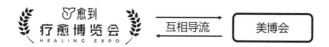

我的想法得到了印证：许多人带着美博会的观众证来参观疗愈博览会。相比美博会的大而全，第二届疗愈博览会是小而美的，毕竟美博会已经举办了超过60届，有35年的历史，而疗愈博览会只是第二届，能够和美博会在同一会展中心举办，已经让笔者深感欣慰与自豪了。

相较于第一届疗愈博览会创造的奇迹，第二届疗愈博览会的成功更像站在巨人的肩膀上，虽然没有那么惊世骇俗，但是也收获了众多展商和观众的祝福。广东新闻频道作为粤港澳大湾区的官方媒体，对愈到集团精心筹备并举办的第二届疗愈博览会予以了高度评价。

广东经济科教频道也对第二届疗愈博览会的举办进行了全面报道，进一步扩大了博览会的影响力和知名度。

深圳财经生活频道对第二届疗愈博览会同样做了深入报道，为疗愈行业的发展增添了助力。

疗愈博览会3天时间汇聚了近30 000名专业观众，除了吸引了来自北京、上海、广州、深圳、杭州、成都、中国香港、中国澳门和中国台湾等地的疗愈从业者，还吸引了美国、英国、德国、澳大利亚、新加坡、马来西亚、尼泊尔、印度等国的疗愈爱好者们前来参展与参观交流。

有近200个疗愈品牌参与展出，涵盖了整个疗愈产业链，包含疗愈文旅、疗愈美业、疗愈产品、疗愈艺术品、疗愈文创、疗愈玩具、疗愈仪器、疗愈服饰、疗愈乐器、疗愈空间、疗愈服务、疗愈科技等品类。

各种传统与新兴疗愈品类受到了专业观众的喜爱和追捧。

第二届疗愈博览会集合了疗愈表演、工作坊体验、专家论坛、新品发布、打卡分享、艺术展览、打卡巡礼，加上所有的疗愈展商展示，共有八大展示形

态，成了一场丰盛的疗愈嘉年华，被众多业内人士评价为"极具价值的博览会"，在一定程度上对中国文化产业、旅游产业、商业地产、美容产业和疗愈产业等融合的可持续发展与服务升级起到了推动作用。

为了让更多人领略疗愈产业的魅力，愈到集团邀请了中外嘉宾，为观众献上古琴、手碟、颂钵、古筝、唱诵、铜锣、禅舞等疗愈演出。

汲取第一届疗愈博览会的成功经验,第二届疗愈博览会单独开辟了3个独立的房间,3天时间安排了36个不同品类的疗愈工作坊,让观众在博览会上能一站式地体验到全世界各地的各种疗愈服务。

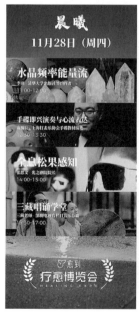  

3　第二届疗愈博览会——泪水与鲜花　　107

有别于第一届疗愈博览会，第二届疗愈博览会在公共舞台区域共开设了5个细分领域的专家论坛，分别是疗愈艺术家论坛、民宿疗愈论坛、设计师疗愈论坛、母婴疗愈论坛和疗愈文旅论坛，让观众们可以近距离地聆听专家对于疗愈行业的真知灼见。每场专家论坛，台下都座无虚席，观众纷纷拿出手机全程录制。

主题为"艺术的疗愈·疗愈的艺术"的疗愈艺术家论坛，出席嘉宾有著名艺术策展人、评论家、广东国际艺术周创始人彭文斌，作品入选UWEE欧美亚教育联盟（Union of Western & Eastern Education）法国巴黎卢浮宫国际艺术展、获德国慕尼黑大学中外艺术交流奖的徐煜，作品获2023国际前沿创新艺术设计大赛金奖、获2022卢森堡艺术奖的刘姬和英国伯明翰城市大学艺术学硕士、广州地区新文艺群体培育计划青年画家陈慧君。

主题为"疗愈赋能民宿新发展"的民宿疗愈论坛，出席的嘉宾有广东省民宿行业协会会长、中宿控股集团有限公司董事长杨虎，广东省民宿产业研究院执行院长、山朵文旅集团董事长李钰林，云山悦舍民宿主理人、心灵疗愈师肖纬宸，英德恋上憩民宿创始人、古御芳四季养生连锁董事长叶芷希，原点心墅民宿创始人、心无限生命智慧学院创始人田丽媛，新加坡国立大学教授、从心隐民宿创始人吴洪亮，广州彼岸云水间民宿运营总监、广州乡村振兴控股集团乡村运营总监柯世明。

主题为"疗愈助力文旅目的地"的疗愈文旅论坛，出席的嘉宾有订单来了商务总监曾通，丽江地中海国际度假区总经理、资深文旅专家黄珊珊，墅家人文度假品牌创始人、云南省旅游民宿协会名誉会长聂剑平和中国刀锋战士、"逐日"亲子徒步节创始人独脚潘。

主题为"母婴疗愈·光照未来"的母婴疗愈论坛，出席的嘉宾有博鳌全球母婴产业发展论坛主席、中国妇幼保健协会妇幼健康服务产业委员会副主任戴子雄，母婴产业分会产康专委会副主任、华禧母婴平台联合创始人范晏瑞，母婴产业分会教育咨询专委会副主任、紫月皇后联合创始人陈婷，月子皇后联合创始人、《身心减压师培训教程》主编付稚，三甲医院心理科主任、中国科学院心理研究所高级EAP咨询师周华。

主题为"疗愈经济下，室内设计新趋势"的设计师疗愈论坛，出席的嘉宾有墅家人文度假品牌创始人、云南省旅游民宿协会名誉会长聂剑平，深圳市有山设计顾问有限公司创始人及设计总监、深圳市室内设计师协会执行会长蔡鸣，深圳市华辉装饰工程建筑装饰研究院院长兼总设计师、中国设计品牌大会领导力人物刘革胜，深圳市续景升

空间规划设计有限公司创始人、艾特奖-华为全屋智能设计大赛全国十大杰出设计师续景升。

在这次疗愈博览会上，新品发布会环节有众多新疗愈产品做了发布，连复星集团这样的上市公司也在疗愈博览会上推荐自己的疗愈文旅产品，台下观众掌声雷动，满含对企业及疗愈行业未来的盛赞与期待。

笔者作为愈到集团董事长兼CEO，和愈到集团的创始人花爷、各省级协会会长、独角兽企业总监为观众们带来了前沿的数据分析和研究成果。

第二届疗愈博览会上的疗愈艺术展由愈到艺术和广东艺术周联合举办，以艺术为媒介开启身心疗愈之旅。疗愈艺术展展出的国内外疗愈作品超过100幅，疗愈雕塑超过10座，吸引了众多观众驻足观赏。他们沉浸其中，细细品味，仿佛在艺术海洋中找到了心灵的栖息地，成为疗愈博览会中的一大亮点。

《疗愈经济》一书也在第二届疗愈博览会开幕当天签售,引来众多疗愈相关领域负责人以及疗愈爱好者前来排队购买。他们纷纷与笔者合影留念,场面颇为热烈。不到4个小时,500本书便签售一空,其他观众只能在京东或当当上购买。

第二届疗愈博览会颇具特色,规模虽不大,但人气爆棚,让展商笑得合不拢嘴,每天见到笔者都会笑着抱怨:"连休息的时间都没有啦!"

3 第二届疗愈博览会——泪水与鲜花 119

3.4 两届疗愈博览会用户数据分析

在第二届疗愈博览会上出现的两个现象,证明疗愈博览会已经越来越被广大观众认可。

第一个现象:现场有十余人全程坐在观众席第一排,对博览会的专家分享和大咖论坛进行全程录像,并认真记笔记。这说明观众已经开始积极主动学习疗愈相关知识,并决定投身到疗愈事业中来,这让笔者非常欣慰。

第二个现象:观众自发地进行直播。笔者见到至少20个博主对疗愈博览会进行全程直播,讲解每一个展位、每一个舞台表演,甚至有博主在签名售书活动中为自己的粉丝购买了20本笔者亲笔签名的《疗愈经济》。这一现象说明了博主敏锐地觉察到了自己的粉丝对疗愈的浓厚兴趣,以及疗愈蕴含的巨大市场需求。博主们的行动也在无形中宣传了疗愈产业。

种种迹象表明,第二届疗愈博览会对社会的影响力要大于第一届疗愈博览会,这也是笔者最愿意看到的。在博览会庆功宴之后,笔者按照惯例细致地分析用户数据,旨在为下一届疗愈博览会做决策依据。以下就是第二届疗愈博览会九大方面的用户数据。

3 第二届疗愈博览会——泪水与鲜花   121

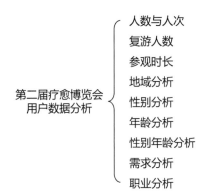

（1）人数与人次

第二届疗愈博览会3天时间实际参观人数为28 701人，总参观人次为43 289人次（有部分观众参观2天或3天）。

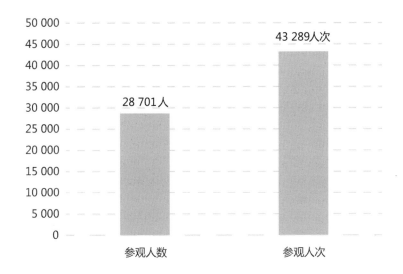

第二届疗愈博览会相较于第一届，参观人数增加了47%，参观人次增加了46%，可见越来越多的人开始关注疗愈产业。

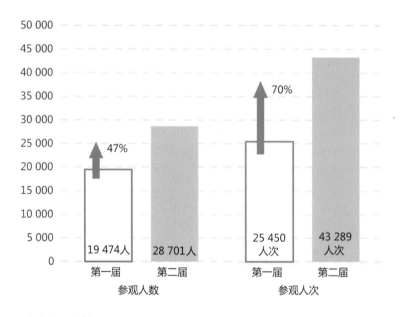

（2）复游人数

第二届疗愈博览会相较于第一届，来1天的观众占比下降14.93个百分点，来2天的观众占比上涨9.73个百分点，来3天的观众占比上涨5.20个百分点。可见疗愈博览会的用户黏性[1]在不断增加。

复游人数

参观天数	人　　数	占　　比
1天	17 980	62.65%
2天	6 854	23.88%
3天	3 867	13.47%
合　计	28 701	100%

---

1 用户黏性是指用户对于品牌或产品的忠诚、信任与良性体验等结合起来形成的依赖程度和再消费期望程度。

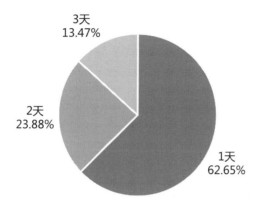

复游人数分析（环比）

参观天数	第一届占比	第二届占比	变化
1天	77.58%	62.65%	↓ 14.93%
2天	14.15%	23.88%	↑ 9.73%
3天	8.27%	13.47%	↑ 5.20%

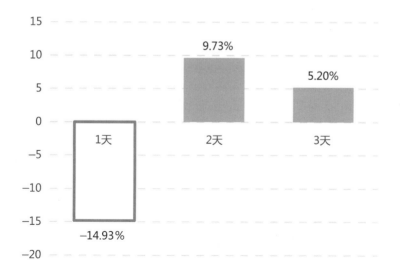

（3）参观时长

第二届疗愈博览会，3天的观众入场时间为9:00，离场时间为17:30。观众每天的参观时长如下图所示。

参观时长

天　数	总时长	平均参观时长	占　　比
第1天	8.5小时	5.8小时	68.2%
第2天	8.5小时	5.0小时	58.8%
第3天	8.5小时	5.3小时	62.4%
合　计	**25.5小时**	**16.1小时**	**63.1%**

平均每日参观时长：5.4小时

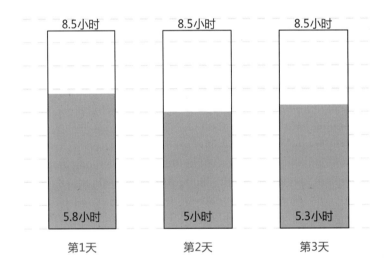

第二届疗愈博览会相较于第一届，观众整体参观时长有所增加，但由于第一届的3天总时长为21.5小时，第二届的3天总时长为25.5小时，第二届观众平均参观时长增加属于正常现象。用参观时长的占比

进行对比更为科学,第二届疗愈博览会相较于第一届的参观时长占比上涨了1.7个百分点。

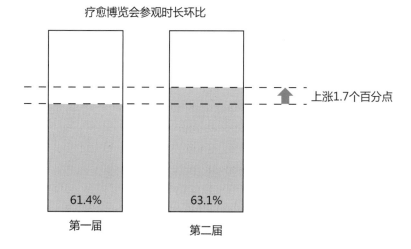

(4)地域分析

第二届疗愈博览会观众排名前十的地域如下。

地域分析

地 域	人数(人)	占 比
广 东	18 787	65.5%
上 海	3 455	12.0%
北 京	1 349	4.7%
浙 江	1 105	3.9%
中国香港	1 008	3.5%
四 川	985	3.4%
云 南	598	2.1%

（续表）

地　域	人数（人）	占　比
湖　北	584	2.0%
江　西	386	1.3%
中国台湾	221	0.8%
其　他	223	0.8%
合　计	28 701	100.00%

第二届疗愈博览会相较于第一届，排名前十的观众所在地域有着较大的变化，两届博览会观众所在区域均排在前十的城市有以下8个，其中举办地所在城市的观众数量占比最高，中国香港的观众人数占比上涨较快。

观众所在地域	第二届排名	第一届排名	变化
广东	1	2	+1
上海	2	1	-1
北京	3	4	+1
浙江	4	3	-1
中国香港	5	7	+2
四川	6	6	保持
江西	9	8	-1
中国台湾	10	9	-1

（5）性别分析

第二届疗愈博览会的性别数据如下图所示。

性别分析

性别	人数（人）	占比
男性	5 349	18.64%
女性	23 352	81.36%
合计	**28 701**	**100%**

两届疗愈博览会的男性观众和女性观众均有增加，且女性观众的占比增加，上涨3.23个百分点。

性别占比

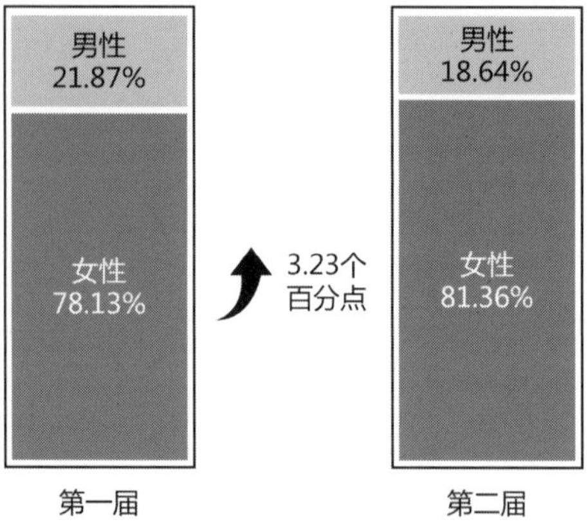

男性 21.87% / 女性 78.13%（第一届）
男性 18.64% / 女性 81.36%（第二届）
↑ 3.23个百分点

（6）年龄分析

第二届疗愈博览会与第一届疗愈博览会均未统计未成年人数据，入场成年人观众年龄分析如下。

年龄分析

年　　龄	人数（人）	占　　比
20岁以下	462	1.61%
21～30岁	9 887	34.45%
31～40岁	14 740	51.36%
41～50岁	2 945	10.26%
51～60岁	470	1.64%
61岁以上	197	0.69%
合　　计	28 701	100%

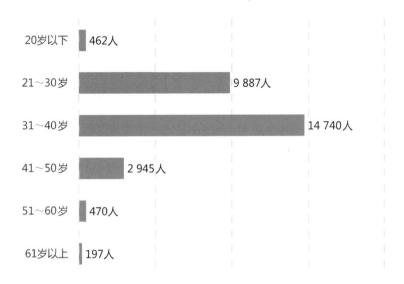

第二届疗愈博览会相较于第一届,各年龄段的观众人数变化如下所示,主要人群还是在21～50岁。

年龄分析(环比)

年　　龄	第一届人数	第一届占比	第二届人数	第二届占比
20岁以下	103	0.53%	462	1.61%
21～30岁	5 798	29.77%	9 887	34.45%
31～40岁	8 741	44.89%	14 740	51.36%
41～50岁	3 525	18.10%	2 945	10.26%
51～60岁	1 074	5.52%	470	1.64%
61岁以上	233	1.20%	197	0.69%
合　　计	19 474	100%	28 701	100%

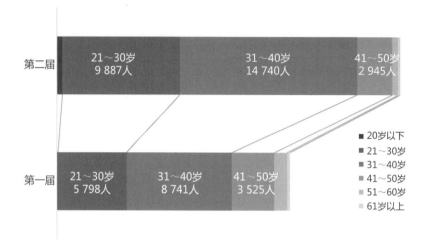

(7)性别年龄分析

参观者的性别和年龄分布是许多疗愈从业者关心的信息,其详细数据如下。

年龄性别分析

年　龄	男性数量	男性占比	女性数量	女性占比	合　计
20岁以下	124	0.43%	338	1.18%	**462**
21~30岁	1 942	6.77%	7 945	27.68%	**9 887**
31~40岁	2 249	7.84%	12 491	43.52%	**14 740**
41~50岁	876	3.05%	2 069	7.21%	**2 945**
51~60岁	105	0.37%	365	1.27%	**470**
61岁以上	53	0.18%	144	0.50%	**197**
合　计	5 349	18.64%	23 352	81.36%	**28 701**

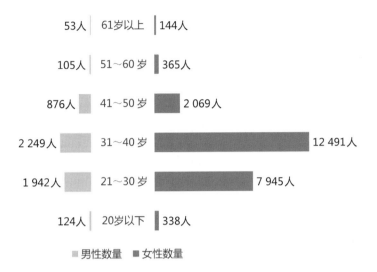

第二届疗愈博览会相较于第一届,各年龄性别的观众人数变化如下图所示。其中,21～30岁和31～40岁的女性有明显的增长,除了因为这个年龄段的女性更喜欢参观疗愈博览会之外,与深圳本地人口年龄结构也有密不可分的关系。

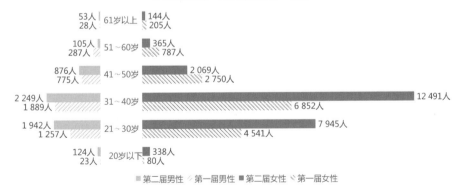

(8)需求分析

观众来参观第二届疗愈博览会的目的各有不同,对他们的需求分

析数据如下。（以下需求为多选）

需求分析

需求描述	人数	占比
疗愈采购	20 414	71%
学习交流	14 865	52%
疗愈体验	15 980	56%
异业合作	8 758	31%
代理加盟	4 301	15%
其他	3 985	14%

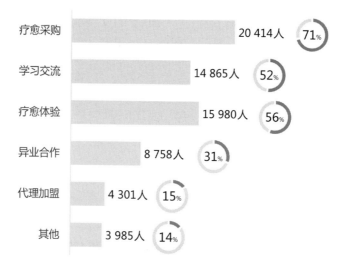

按需求占比来说，第二届疗愈博览会相较于第一届，除"学习交流"和"异业合作"有所下降外，其他需求项均有增长。

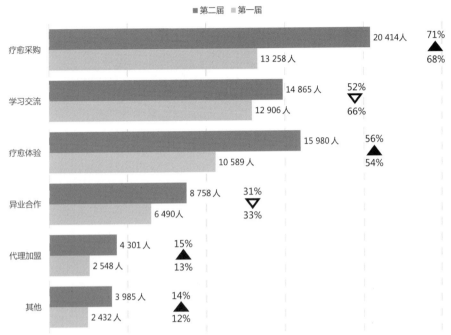

(9)职业分析

第二届疗愈博览会的职业分析数据如下。

职业分析

职　业	人　数	占　比
个体用户	19 759	69%
企业采购方	5 908	21%
周边厂商	1 980	7%
空间方	12 224	43%
疗愈提供方	7 463	26%

（续表）

职 业	人 数	占 比
主管部门	1 544	5%
其 他	2 891	10%

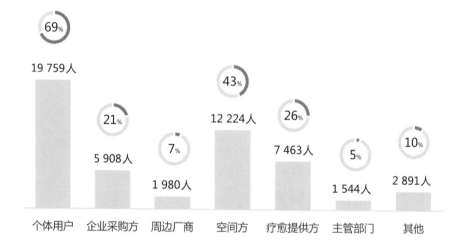

第二届疗愈博览会相较于第一届，职业人数的变化如下图所示。除"企业采购方"外，其他各职业人数均有增长。按占比来说，除"周边厂商"和"其他"有所上涨，"主管部门"持平，其他职业人数略有下降。

上述第二届疗愈博览会九大方面的用户数据以及两届环比数据，可以帮助许多疗愈行业的从业者了解客户画像，从而制订更具针对性的营销策划和推广计划；了解和把握客户需求偏好，从而优化产品和服务；了解疗愈行业的市场动态，从而对市场趋势做出分析；有助于提前布局，抢占市场先机，为应对未来的竞争做充足准备。

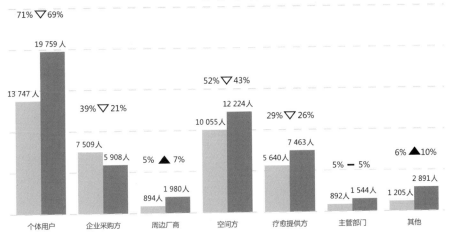

4
愈到集团助力疗愈行业发展

4.1 还没开幕的疗愈博览会——汗水与烟花

4.2 市场鱼龙混杂，愈到坚持走好自己的路

4.3 持续优化疗愈博览会体验的4项举措

4.4 将疗愈产业链升级为疗愈生态圈

4.1 还没开幕的疗愈博览会——汗水与烟花

第一届疗愈博览会,在没有经验、没有支持、没有积累的情况下,历经3个月时间,通过18项创新举措,终于顺利举办,可谓付出了"血水"的代价。观众数量达20 000名,可谓收获了珍贵的"礼花"。

第二届疗愈博览会在第一届疗愈博览会的基础上,通过额外的7项举措得以成功举办,付出的是稍微轻松些的泪水。观众规模近30 000名,在整体体验和反馈上也更加出色,可谓获得了鲜花与掌声。

第三届博览会将于2025年5月16日至5月18日在上海世贸展馆举办,选址与第一届一样,不管从审批手续还是展馆搭建方面都有可借鉴之处,加之第一届和第二届的展商和观众积累,第三届疗愈博览会要付出的应该不再是"血水"和泪水,而是相较之下更为轻松的汗水;其观众规模以及展商反馈,相信也会比第一届和第二届的数据更加漂亮,收获更为绚丽的"烟花"。

在第二届疗愈博览会的现场，我们就将第三届疗愈博览会的展位图印刷成宽5米、高4米的桁架，方便现场招募下一届的展商。这项举措是在逛其他博览会时学到的，本想着能有十来个展商预订就会大大降低工作人员未来的工作量，想不到3天时间内，超过50%的展位已被抢订。

愈到集团为了给现场预订的展商满满的仪式感，特意推出一项举措：只要支付定金，就可以在展板上亲自将选好的展位贴上贴纸。许多展商在张贴展位贴纸时，脸上洋溢着笑容，我想这不只是因为对自己能够参加下一届博览会而感到喜悦，也是对愈到集团在疗愈产业链上付出的努力的肯定。

在第二届疗愈博览会圆满结束后，笔者本想给所有辛苦了好几个月的小伙伴放个假好好放松一下，然而现实并不允许，所有负责展位

的工作人员都被消息和电话"轮番轰炸"而无法休息。许多展商要求报名参展,急切地表示在展会上太忙了,还没顾得上选位置,想不到展位已经被预订一半了。

截止到2024年12月7日,第三届疗愈博览会的展位剩余不足30%,要知道离2025年5月16日开幕还有近半年的时间。回想第一届疗愈博览会开展前,工作人员可是主动出击去招募展商,花了近2个月时间,展前1个月还剩50%的展位未完成招募;到了第二届疗愈博览会开展前,工作人员主动招募展商更是长达近5个月,展前1个月还剩30%的展位未完成招募;可第三届疗愈博览会,没有做任何主动招募的工作,仅过了一周时间,距离开展还有5个月,展位就被预订大半,仅剩30%了。

这对于笔者和愈到集团的所有员工来说是意想不到的,就像"泼天的富贵"从天而降,令所有人都怀疑自己是不是做梦。毕竟这和前

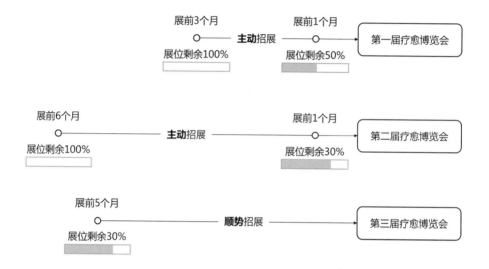

两届的招展状态反差太大。用3个案例就能看出为什么前两届疗愈博览会付出的是"血水"和"泪水",而第三届疗愈博览会付出的只是"汗水"了。

案例1:毫无预告,自主下单

正常的预订展位流程是先添加展位客服微信,经过各项咨询后,再在愈到小程序中预订展位,最后签订合同,支付尾款。

可好几个展商跳过了第一个步骤和第二个步骤,直接在小程序中预订了展位,预订完之后也不联系客服,等到工作人员例行检查后台信息时才发现已有人预订了展位,再让客服根据手机号码去联系展商,进行后续的合同签订工作。

这个案例除了说明愈到集团提供的预订展位功能非常完善，能够清晰地展示展位的位置、开口方向和面积，也说明展商们对于愈到集团的信任和支持，这对于笔者来说是一个莫大的肯定。

案例2：匆匆订展，急忙转账

在12月3日20:00左右，愈到小程序因为要更新微信支付的接口，所以有1小时左右无法进行线上支付。本想着在晚上更新不会影响已有的业务，但想不到恰好有一个展商需要预订展位。愈到客服告知1小时以后即可预订，可展商生怕自己选中的展位被其他人预订，就马上转账到我公司的银行账户了。

这个案例说明了愈到集团提供的展位实时显示的功能非常完善，当客户打开所有的展位预订列表，发现大部分展位都被预订一空时，就会急忙预订。事实也正如这位展商所料，在不到半小时后，就有其他的展商前来咨询他已锁定展位的附近位置。

案例3：优质位置，同步抢购

12月5日，出现了一个系统小问题，那就是有2个展商同时预订了一个展位，正常展位被预订后，就无法再被预订，但当2个展商同一时间预订时，就会都出现"预订成功"的页面。这在概率上是极其低的，所以愈到的技术团队在开发小程序时没有屏蔽这一问题。最终只能查询两位展商微信支付的付款时间来判断展位给谁。当我们通知后一位展商时，展商还不相信，要求客服提供两个微信支付时间的截图才作罢。

虽然这个案例暴露了我们技术团队的一个小问题，但也反映了预订展位的火爆程度。

除了在预订展位阶段有各种状况发生，在签订合同环节也有各种状况发生。前两届疗愈博览会的展商通常会将合同签订和尾款支付拖延到博览会开幕的前两周。但是第三届疗愈博览会的展商在预订好位置后，就不断地催促客服加快出合同，生怕展位被人抢订，原本计划公休的两位客服也不得不先把合同流程走完才能休假。

甚至还有没签订合同就把全款打到公司账户的情况发生——财务发现某公司转入了一笔"展位费"，但是根据公司名称查不出是哪个展商，过了一整天都没有人联系客服说明此事，让财务和客服都感到无奈。

第三届疗愈博览会尚未开始，笔者就已经感觉到了无比兴奋。这种兴奋并非仅仅因为第三届疗愈博览会的顺利招展，更因为愈到集团通过疗愈博览会推动了疗愈需求向疗愈产业链的转化，为未来疗愈经济的发展打下了坚实的基础。

4.2 市场鱼龙混杂，愈到坚持走好自己的路

在第二届疗愈博览会成功举办之后的第二天，就有2个类似的疗愈博览会出现在市场中，并且让许多展商误以为是愈到集团举办的。

2025 中国国际疗愈大会暨展览会邀请函
2025 China International Healing Conference and Exhibition
广州站：2025 年 05 月 27-29 日
深圳站：2025 年 06 月 20-22 日
杭州站：2025 年 11 月 18-20 日

【展会概况】
　　2025 中国国际疗愈大会暨展览会将汇聚国内外专业人士、疗愈专家及相关企业的盛会，旨在探讨身心灵疗愈的新理念、新方法和新技术。为进一步推广疗愈文化，促进健康生活方式的传播与实践。
　　大会的主题是"和谐与再生"，将通过多场高峰论坛、专题讲座和互动工作坊，分享最新的科学研究成果与实用的疗愈经验，促进不同领域之间的交流与合作。参会者将有机会聆听行业领军人物的精彩演讲，并参与到现场的实践活动中，深入体验各种疗愈方式的魅力。涵盖心理疗愈、身体疗愈、瑜伽与冥想、营养健康、灵性疗愈等多个方面。参会者可以与展商进行一对一的交流，，参与者将有机会拓宽视野，增进对疗愈领域的理解与认知。
　　本届展览会是行业内的重要交流机会，各大品牌将在此展示最新科研成果，并与参展者进行面对面的交流，帮助参与者更好地了解和选择适合自己的疗愈方案。2025 广州疗愈大会暨展览会是一个不可多得的学习与交流平台。在充满机遇与挑战的现代社会，如何通过疗愈来改善生活，因此显得尤为重要。
　　届时，期待与您相聚，共同探索和体验疗愈的美好力量，推动健康生活方式的传播，探索身心灵的疗愈之路！

上图就是多个展商收到的邀请函（邀请函为3页PDF文件）。当工作人员将此信息告诉笔者时，笔者的第一反应是开心——有更多的人加入疗愈事业中来，拉动疗愈产业链是好事啊！可仔细查看该邀请函时却发现只有举办区域和举办时间，没有详细的地址，"收费标准"一栏却非常清晰和醒目。

笔者让所有工作人员统一回复所有收到此邀请函的展商："愈到集团举办的第三届疗愈博览会时间为2025年5月16日至5月18日，地址在上海世贸展馆，如愈到集团在其他地区举办疗愈博览会，会在愈到公众号、愈到小程序和愈到网站进行正式通知，请各位展商和观众认准'愈到'品牌。"

并不是说其他公司不能举办疗愈博览会，也不是说愈到先举办了疗愈博览会，其他公司再举办就属于抄袭，毕竟"疗愈博览会"不是一个商标，更不是一个专利，愈到集团并没有对疗愈博览会有独家举办权。笔者也希望有更多的专业会展公司参与疗愈行业，以正规的方式举办疗愈博览会，推动疗愈产业链的发展。

无独有偶，至少10个展商也收到了另一个疗愈博览会的邀请函，如下图所示（图片已隐藏公司名称）。

当笔者看到这个邀请函时，起初也是十分欣慰，毕竟愈到集团精力有限，短时间内无法覆盖全国市场，如果在成渝地区有专业的展会

公司能够举办疗愈产业博览会，这对于疗愈产业的发展来说百利而无一害。

可是当笔者看到同期举办的是"第三届生殖健康及成人保健产业博览会"时，心里不禁"咯噔"一下，马上让工作人员查询了该博览会的概况。发现其已经举办的前二届展会都和"疗愈"毫无关系，而在2025年7月即将举办的第三届博览会上才冠以"疗愈产业博览会"之名。

笔者认为这或许是一个巧合，毕竟"疗愈博览会"并非愈到集团的专属。

当看到介绍中出现"疗愈空间方""疗愈提供方""疗愈周边厂商"和"疗愈服务方"等内容时，笔者依然觉得这可能是巧合。虽然在已出版的《疗愈经济》一书中，核心就是"疗愈经济全景图"，而上图提及的四个角色恰好是"疗愈经济全景图"所涵盖的内容。

尔后，笔者同样让所有工作人员统一回复所有收到此邀请函的展商："愈到集团举办的第三届疗愈博览会时间为2025年5月16日至5月18日，地址在上海世贸展馆。2025年7月在成都举办的疗愈产业博览会非愈到集团举办。如愈到集团在其他地区举办疗愈博览会，会在愈到公众号、愈到小程序和愈到网站正式通知，请各位展商和观众认准'愈到'品牌。"

愈到集团并没有设立公关部，也没有设立竞品调研部，以上所有的信息都是展商主动发给工作人员的。这体现了展商对于愈到集团的信任，也体现了展商对愈到集团以往工作的认可。

当收到一些明显侵权的文件时，笔者还是会严肃对待的。比如某公司希望与愈到集团合作，在发给工作人员的PPT中，竟然有一页引用的全部是第一届疗愈博览会的图片，而且文字上还写了"未来将与愈到集团，每年定期举办疗愈博览会"。

笔者看到此内容后，真是又气又觉得荒谬。气的是愈到集团举办

疗愈博览会向来是独家主办，不存在其他主办方；荒谬的是这家公司在给愈到工作人员的PPT中竟然直接照搬我们的图片和文字，真的是匪夷所思。笔者马上让工作人员向该公司发出严正交涉，要求其迅速删除所有第一届疗愈博览会的图片，以及与愈到集团合作举办疗愈博览会的文字，并郑重告知对方，如果因此给愈到品牌造成损害，愈到集团一定会追究其法律责任。

从愈到成立之初，市场上模仿和抄袭的现象屡见不鲜。笔者认为这起码可以说明疗愈具有广阔的市场前景，越多的人参与进来，疗愈行业就越有机会蓬勃发展。

然而，我也想提醒同行，抄袭表面的路径，其实很容易让自己陷入虚假的繁荣，如果没有坚实的产业支持，就很容易因资金链断裂而无法实现可持续发展。

愈到集团成功举办了四届疗愈节之后，在2024年，全国各地都有人举办形式各样的疗愈节，据笔者了解到的就有广州、武汉、成都、重庆、南京、天津、杭州、青岛、郑州、济南、合肥、西安等地。

同样，当愈到集团在2024年1月举办了全球疗愈峰会后，许多机构纷纷在全国各地举办峰会，海报和文案等基本是照搬的，峰会的流程及组成元素也没有创新。

许多举办疗愈节和疗愈峰会的主办方都是曾经参加过愈到举办的疗愈节或疗愈峰会的人。笔者对疗愈节和疗愈峰会在全国各地"开花"本来满心欢喜，毕竟有越来越多的人从事疗愈行业，有越来越多的活动让个体用户和群体用户体验，无疑是非常有利于扩大疗愈经济市场规模的。要知道，即便愈到集团人数众多，也难以覆盖全国这么多的省市和地区。笔者满怀期待地让工作人员对这些活动进行了跟踪，结

果却令笔者大为失望。这些疗愈节和疗愈峰会的流程和元素没有创新，和愈到举办时的模块如出一辙，而且从现场图片来看，人流都较为稀少，大多只办了一届便销声匿迹。

对于这样的现状，笔者深感不安——许多人因看好疗愈行业而进入，却又因办不起来而放弃，长此以往会损伤疗愈行业的可持续发展。

此外，还有部分举办者只是为了向客户推荐某个课程、推广某个产品，而非真正助力疗愈产业的可持续发展。这种短视行为不但会让自己没有后路，还会伤害参与疗愈节或疗愈峰会的观众，让他们不再相信疗愈，最终导致疗愈行业的用户不断流失。

对于这些有碍疗愈行业发展的行为，笔者自然是不赞同的，但是有利于疗愈事业的事情，笔者都会全力支持，比如在小红书、抖音和视频号这些自媒体平台中，有许多博主抄袭《疗愈经济》一书中的许多观点，甚至是一字不差地进行搬运，图片都完全一样，从著作权上说已经构成了侵权，但笔者并没有对他们进行投诉，反而会给他们点赞。因为他们的传播可以让更多的人加入疗愈行业，助力疗愈经济的发展。

4.3　持续优化疗愈博览会体验的4项举措

"自杀式成长"的基因是愈到集团在2023年6月创立到现在，能够像坐火箭一样爆发式增长的原因。虽然截至2024年12月30日，第三届疗愈博览会的展位近乎售罄，但是笔者和团队的小伙伴们还是会开会研讨如何可以进一步提升博览会展商和观众的体验。所以针对第三届疗愈博览会，愈到集团推出了4项举措，以期让疗愈博览会的效果更上一层楼。

举措1：预约报名与实名登记相结合

在第一届疗愈博览会和第二届疗愈博览会上，所有的观众在入场时需要经过两个步骤。

第一个步骤是核验门票。其目的是验证观众是否预约了疗愈博览会，只要扫码，即可以看到自己的预约情况。如果已预约，就可进入下一个步骤；如果未预约，就需要现场预约。

第二个步骤是实名认证。观众需事先打

开实名认证相关页面，通过了公安对于姓名和身份证信息的核验后，才算完成了实名认证，然后在博览会现场刷身份证即可入场；如果未提前完成实名认证，需扫码后现场填写相关信息。

如果把观众的预约门票和实名认证步骤计算在内，观众进入疗愈博览会现场需要经历4个步骤：在愈到小程序里预约门票，在实名认证页面进行实名认证，在现场核验区域1核验门票，在现场核验区域2核验身份。

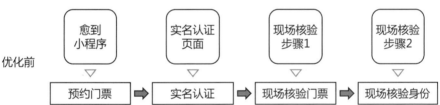

虽然每个步骤都有其目的，每个环节都不能省略，但是这样的观众体验不好，所以笔者向愈到的技术团队提出了明确要求：要将愈到博览会的预订报名系统和实名认证系统打通，将实名认证页面融入愈到小程序，并且合并现场核验的信息。也就是当观众在愈到小程序中预订了博览会门票后，在当前小程序中跳出实名认证的相关信息，填写完毕后生成一个二维码，在现场核验时既可以验证门票信息，又可以验证身份信息。

这样优化后，将线上的步骤全部划归愈到小程序，将线下的核验

环节合并为1个步骤，这样可以大大降低观众填写信息的复杂程度，并且减少了现场核验流程。相信在第三届疗愈博览会时，观众进入博览会现场的流程会更加顺畅。

举措2：工作坊线上预约

第一届疗愈博览会的观众平均参观时长是4.4小时，第二届疗愈博览会的观众平均参观时长是5.4小时。这么长时间在博览会中参观，除了观看疗愈表演、学习专家的发言、聆听大咖的论坛和参观各个展位外，还有一个重要内容就是体验疗愈工作坊。

第一届和第二届疗愈博览会采用的是现场报名制，未采用线上预约，其原因是愈到曾在2023年举办疗愈节时使用过线上预约，但存在3个问题：

一是工作坊有人数上限，如果某个观众未能出席，就会影响其他人报名；

二是观众时常更换已预约工作坊，大大增加了工作人员的工作量；

三是观众更改、取消工作坊预约，产生的退费流程增加了财务的工作量。

工作坊的收入都由疗愈工作坊的导师收取，愈到未抽取任何费用，在博览会上提供3个超过100平方米的工作坊空间，其场地费用、搭建费用、音响费用、工作人员费用等是没有任何回报的。但这些不是笔者要停止优化工作坊体验流程的原因，当大量观众提出希望能够有预约功能时，笔者决定克服困难，让技术团队实现工作坊的线上预约付款、线上抵扣券[1]直接使用、线上预约更换和线上退款等功能。在第三届疗愈博览会上，所有烦琐的结算和预约事宜将由愈到集团负责处理，相信观众们会更加心无旁骛地沉浸在自己喜欢的疗愈工作坊中。

举措3：同类型展商提示

愈到集团举办第一届疗愈博览会是在2024年5月，当时办展经验不足，还纳闷为什么其他展会都不能让展商选展位。待第二届疗愈博览会上出现同类型展商相邻的情况，展商提出投诉时，才体会了其他展会之所以不给展商选位置，就是要等到收到展商信息后统一根据展

---

[1] 观众可以购买99元的大礼包，包含4张50元的工作坊抵用券和8份礼品免费拿的打卡券。

商类型进行展位区分，以确保相同类型的展商不会相邻。

面对这个问题，我们并没有取消"自由选展位"这样有利于展商的举措，而是让工作人员在展商预订展位后，首先获取其产品和服务信息，然后和他展位附近的展商进行沟通，确保不会出现同类型展商扎堆的问题。这样做会大大增加工作人员的沟通量，但为了展商的利益和展会的整体效果，笔者毫不犹豫地决定实施这一措施。

举措4：打卡领礼品券和高粉丝量领礼品券改为线上

在第一届和第二届疗愈博览会中，有打卡领礼品和高粉丝量领礼品的活动。当观众符合资格后就会拿到如下的一张实体卡，右侧有4张50元的工作坊优惠券，左侧有8个打孔位。当观众拿着这张打卡券到各指定展位上时，展商需要给观众礼品，并在打孔位上打1个孔。当8个打孔位都被打满时，就代表礼品已经领取完毕。

这样的举措让观众和展商都十分开心：观众可以领礼品，得到了实际的好处；展商可以吸引人流来到自己的展位，进一步与观众沟通。

可是展商提出每次活动都非常忙碌，有时候甚至连打孔器都不知道放到哪里去了。

基于这个问题，笔者决定将打卡领礼品券和高粉丝量领礼品券改为线上券，和工作坊抵用券一起直接在观众预约时发放，展商只需要在观众的手机上单击确认即可。这样不但免除了展商打孔的步骤，还可以让观众省去领取实体券的环节。

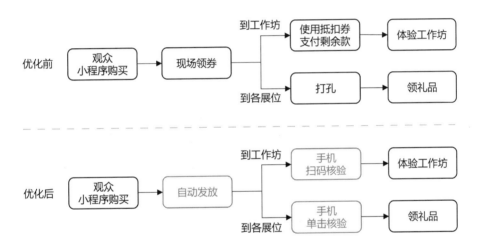

这样虽然增加了愈到集团技术团队的工作量，但对于第三届疗愈博览会的观众和展商来说却是一个非常好的举措。

以上是笔者在2024年12月底已经实施的举措，距第三届疗愈博览会开幕还有近5个月时间，届时愈到集团会有更多的举措来优化第三届疗愈博览会的体验，也会继续为第四届、第五届……第一百届疗愈博览会的举办做出更多的精进方案。

4.4 将疗愈产业链升级为疗愈生态圈

在本书第一章，笔者就提出了"疗愈行业发展阶梯"的概念，将疗愈行业的发展分为三个阶段：疗愈需求、疗愈产业链和疗愈经济。

由需求催生产业链，再由产业链发展为经济，这是大部分行业的发展路径。以母婴行业为例，就是先有需求，再有产业链，当体量达到一定规模之后，就有了母婴经济。但疗愈这个行业比较特殊，其不仅能构建起产业链，还具备升级为疗愈生态圈的潜力。

产业链和生态圈的区别是什么呢？我之前打过比方，产业链类似经营一家餐馆，已有锅、碗、番茄、鸡蛋、葱花、油、盐和水等材料，产业链就是要把番茄洗干净，把锅热好放入适量的油，在合适的时间放入鸡蛋、葱花和盐，最终为客户呈上一盘美味的番茄炒蛋。甚至番茄的种植和运输、鸡蛋的培育和储存，都是产业链中的一环。

生态圈就是餐馆周边的商业区，这里有超市、饭店、健身房、理发店和药店等，这些场所各自是独立的产业链，众多产业链组合在一起协同发展，便构成了一个生态圈。

1993年，美国著名经济学家詹姆斯·穆尔（James Moore）在《哈佛商业评论》上首次提出了"商业生态系统"这一概念。截至2024年底，对于"生态圈"的解释有许多的版本。

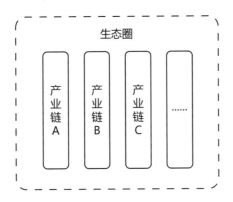

按笔者浅见,产业链是线性的,其价值体现为企业运用现有资源形成竞争力;而生态圈是网状的,其价值体现在生态圈内企业的协同合作。国内能够真正构建起生态圈的互联网企业屈指可数,阿里巴巴和腾讯堪称典型代表。阿里巴巴建立了电商生态,但在最初也只是产业链——为商品提供展示、购买、运输和售后。随着业务的拓展,它开始涉入支付环节,并投资入股一些媒体门户网站和视频网站;然后又延伸出蚂蚁金服和网商银行等金融服务;随后又深入企业经营领域,开发了钉钉和阿里云。通过一系列战略发展和布局,阿里巴巴将会打通个人、企业运营的各个环节,不断完善电商生态圈。腾讯则聚焦社交与娱乐领域,构建起庞大的生态圈。

疗愈这个行业同样具有发展成疗愈生态圈的潜力,比如:

(1)疗愈乐器中的手碟,从原材料采购到生产制造、仓储物流再到经销商销售,最后抵达客户手中,这便形成一条完整的产业链;

(2)疗愈服饰,从设计研发、原料采购、生产加工、门店售卖,直至交付客户,这也是一条独立的产业链;

(3)疗愈精油,从原材料种植采摘、加工提炼、装瓶设计、物流配送,到终端售卖,最终抵达客户,这又是一条产业链;

（4）疗愈活动培训，从市场调研、课纲打磨、导师培训、现场实训，到最终开办疗愈活动，这同样是一条成熟的产业链。

笔者在《疗愈经济》一书中就提出了"疗愈产业链"的概念，是国内较早提出这一概念的。有许多好友问笔者，疗愈产业链究竟涵盖哪些内容？笔者的回答是36个大类，4 000多个小类，以及数百万个SKU[1]。如果把它们全部写出来，则可以与字典一样厚。

比如疗愈乐器就是一个大类，包括手碟、颂钵、铜锣、古琴、水晶钵、丁夏、雨棍、音束、海浪鼓等。如果细分就更多了，以手碟为例，就分9音、10音、12音的，材质还分普通的、氮化钢的、灰烬钢的，颜色更是五花八门，更别说整个疗愈乐器大类了。

再如疗愈精油类，从使用用途来分就可以分为食用的、按摩的、闻香的，光种类就有8大类——柑橘类、花香类、草本类、樟脑类、木质类、辛香类、树脂类以及土质类，每个类别下又有上百种精油。就以最常见的香橙为例，还根据其产地、纯度、采摘时间、制作工艺的不同而不同。更夸张的是，精油不只有单方，还有复方，也就是可以由多种精油混合，排列组合之后，精油至少有数十万种。

又如检测仪器类，可分为便携式和固定式两大类。便携式的就是用户便携穿戴的仪器，比如智能手环、智能眼罩等，它们可以用于实时检测心跳、心率变异性、皮电、脑电等生物特性。固定式的可以用于精确检测更多信息，除了心跳、心率变异性、皮电和脑电外，还能检测眼动、肌电、皮肤温度等更多专业数据，通过大数据分析，生成关于情绪、睡眠、心理状态等报告，为后期的疗愈方案提供依据。

1　SKU（Stock Keeping Unit）：全称为库存量单位，是指库存进出计量的基本单元，可以件、盒、托盘等为单位。

此外还有疗愈设备类,是基于检测仪器获取的检测数据进行疗愈的高科技设备,如光疗设备、疗愈头环、AI疗愈音乐、VR疗愈等。

这些加在一起,就是笔者定义的疗愈生态圈了吗?还远远不够。笔者认为"所有行业都能用疗愈再做一遍",当疗愈成为每个行业可以融合的元素,在文化产业、旅游产业、酒店产业、美容产业、商业地产、古镇产业、餐饮产业和家居产业等异业中能普遍看到疗愈的元素时,这样的疗愈生态圈才是笔者希望看到的。

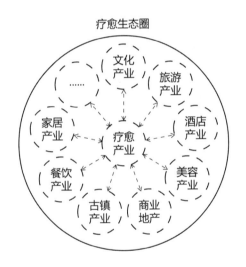

正是由于疗愈行业具备可升级为疗愈生态圈的特殊属性,笔者才坚信疗愈产业链终将会成为有体量的疗愈经济。就疗愈行业发展阶梯而言,在疗愈产业链和疗愈经济中加上一个疗愈生态圈才更为完善。

在新的"疗愈行业发展阶梯"中,最后一步仍然是疗愈经济,但是它一语双关:一层意思是作为名词,它代表以疗愈为核心的产业达到了一定的经济规模;另一层意思是作为动词,让中国的经济被疗愈。

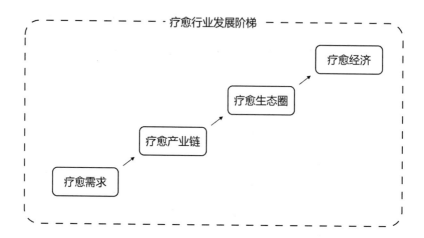

5

所有行业都能用
疗愈再做一遍

5.1 疗愈将成为所有行业的必备元素

5.2 中国疗愈经济规模达10万亿元

5.3 典型行业疗愈落地实操方案

5.4 各行业专家对于疗愈经济的洞察

5.1 疗愈将成为所有行业的必备元素

疗愈，将成为所有行业的必备元素，就像互联网技术在过去几十年成为众多行业的融合元素一样，最终会形成笔者希望看到的疗愈生态圈。

当疗愈融入各个行业时，就像给每个行业增添了一种特殊的"调味料"。以餐饮行业为例，餐厅的环境和音乐设计可以更加注重舒缓顾客的压力，菜品的搭配可以考虑对顾客产生积极的情绪影响。

在酒店中，可以给入住的客人提供具有安神、舒缓情绪作用的花草茶，或者设计具有放松氛围的休息区域，让顾客在房间里休息的同时也能获得心理上的慰藉。

在旅游行业，疗愈可以体现在旅游线路的规划上。旅行社可以推出专门的"心灵疗愈之旅"套餐，选择宁静祥和的自然风光地区，如海边、深山和丛林等，安排冥想、瑜伽等活动，让游客在旅行过程中释放压力、放松身心。这样，疗愈就为旅游产品提供了重要的附加值，使旅游行业在传统的观光、休闲功能之外，增加了心理和精神层面的照护。

在美容行业，传统的美容主要关注外在的肌肤护理和容貌美化。当疗愈融入后，美容服务可以结合心理疗愈与情绪舒缓，通过各种专业疗愈设备或者活动，来帮助顾客建立自信、释放压力。

在健身行业，传统的健身主要以锻炼肌肉、增强体质为目标。引入疗愈理念后，健身行业可以开发出身心平衡的疗愈健身课程，如结合普拉提与冥想的活动，或者推出针对工作压力和情绪释放的动感单车课程，配合疗愈的音乐和舒缓的芳香。这种创新是由疗愈理念驱动的，使得健身行业能够更好地满足消费者对于身心健康的综合需求。

在建材家具行业，可以打造高度和角度可调节的办公桌，方便员工在工作间隙进行短暂的伸展和放松；设计带有音乐播放和基础按摩功能的办公椅，帮助员工缓解久坐的疲劳；设计相关的办公文创产品，满足现代职场人的情绪诉求等。

"疗愈将成为所有行业的必备元素"，这是笔者和许多投资界资深前辈的共识。

这一观点的成立基于以下3个推论：

（1）所有行业皆服务于人。任何一个行业，都是服务于人的，哪怕是机床维修，虽然看似服务的是"机器"，但最终其维修服务的打分者还是雇主这个"人"；哪怕是给汽车做轮胎的生产厂商，虽然看似服务的是汽车生产厂家，但最终订单的采购、沟通和售后等环节，对接的还是"人"。

（2）人人皆需疗愈。青少年需要疗愈来缓解学业压力，中青年需要疗愈来缓解生活压力，银发一族需要疗愈来提升身心健康，所有人都在通过疗愈追求心灵层面的富足。

（3）所有行业皆缺疗愈。这也就意味着所有行业都可以通过疗愈来给自己的目标客户提供价值。比如卖一支小小的笔，虽然笔的价值是书写，但是若从包装、设计等元素上添加疗愈元素，给予用户情绪价值，那么这支笔就可以从上千万种不同的笔中脱颖而出，成为爆款。

再如老百姓一生中最大的资产——房产。如果某个楼盘的会所不仅提供健身房、游泳池，而且提供疗愈的冥想室、疗愈主题活动等内容，便可以精准吸引中高端人群。这在一定程度上可提升楼盘附加值，有望使小区房产产生一定的溢价。

正因为所有人都需要疗愈，而所有行业都缺乏疗愈，所以说"所有行业都能用疗愈再做一遍"。为了能够让每个行业的从业者都知道如何将自己的行业用疗愈再做一遍，笔者在第二届疗愈博览会共开设了5个行业的疗愈论坛，分别是疗愈艺术家论坛、疗愈民宿论坛、设计师疗愈论坛、母婴疗愈论坛和疗愈文旅论坛。

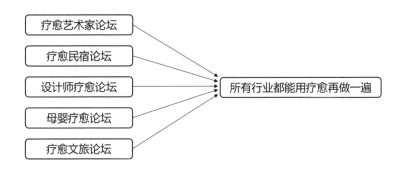

行业论坛1：疗愈艺术家论坛

此次疗愈艺术家论坛的主题为"艺术的疗愈·疗愈的艺术"。

第一个讨论的话题是：为什么艺术本身可以疗愈他人？

著名艺术策展人、评论家、广东国际艺术周创始人彭文斌认为："人的健康就是两个层面的健康，一是生理的健康，二是精神的健康。不管是艺术的创作者还是艺术品的观众，都有精神世界的形成过程。

| 彭文斌 | 徐煜 | 刘嫄 | 陈慧君 |
| 著名艺术策展人、评论家 | 获德国慕尼黑大学中外艺术交流奖 | 国际前沿创新艺术设计大赛金奖 | 英国伯明翰城市大学艺术学硕士 |

因为一幅好的作品是艺术家沉迷在自己精神世界中创作出来的,可以疗愈艺术家自己的作品,就可以疗愈观众。"

德国慕尼黑大学中外艺术交流奖获得者、作品入选UWEE法国巴黎卢浮宫国际艺术展的徐煜回答道:"艺术家和观众之间是一种共生关系。艺术家自己先被自己的作品疗愈,当艺术家的作品展示出来时,观众可以获得精神的互动,产生一种共振。他们对艺术作品传递出来的情绪感到很舒服。"

国际前沿创新艺术设计大赛金奖、2022卢森堡艺术奖获得者刘嫄的回答可以概括为:"我自己是身心疗愈的实践者和受益者,艺术创作已然成为我自我情绪宣泄的一个出口。我的每一幅作品都是通过我自己心境的转化,借由作品输出。所以即便在作品中看到一些小小的情绪,它带给人的感觉永远都是滋养和疗愈的。"

英国伯明翰城市大学艺术学硕士、广州地区新文艺群体培育计划青年画家陈慧君认为:"当我不是为了获奖或参展而刻意地去创作一件艺术品时,那种发自内心的创作是很疗愈的,从那幅画中可以读到很多关于自己的信息,同时这样的作品会让观众和你产生共鸣。"

第二个讨论的话题是:在疗愈经济下,哪一类的作品才能称为疗愈的艺术?

5 所有行业都能用疗愈再做一遍　　169

彭文斌认为:"疗愈的作品,首先是正能量的,是鲜艳的,是明快的,是阳光的。如何懂得欣赏艺术呢?台下有很多是妈妈,家长让孩子从小学习艺术,但是小孩子的手的骨骼,在12岁以后才会成熟,所以在12岁以前不适合去学太过于严谨的素描和工笔画。与此同时,人们在13岁的时候,控制创造性思维的右脑会关闭,所以我建议,如果要让孩子学艺术,就让他学涂鸦,拓展他与生俱来的创造天性。"

徐煜认为:"我非常赞同彭老师的观点,不管是大人还是孩子,只要是用心画出来的画,都可以称为疗愈的艺术。用疗愈的艺术品来赋能空间就是在赋能受众。"

刘嫄认为:"我认为疗愈的艺术品不是矫揉造作的,艺术家本身必须要有真实的疗愈体验。疗愈的艺术需要跟创作者本身有很强的连接,才能打动别人,从而产生情感的共鸣。引发人共鸣的,也应该最具有经济效益。"

陈慧君认为:"我个人觉得一个好的疗愈作品首先要是平易近人的,起码观众能够知道作者想表达的意图或者能量,不然就只是个高高在上的所谓的艺术品,跟普通大众一点关系都没有。其次,一个好的疗愈作品要能够给观众能量或者快乐。"

4位来自艺术行业的专家分别阐述了自己对于疗愈艺术的真知灼见,也给许多从事艺术行业的人指明了疗愈与艺术融合的方向。

行业论坛2:疗愈民宿论坛

此次疗愈民宿论坛的主题为"疗愈赋能民宿新发展"。

广东省民宿行业协会会长、中宿控股集团有限公司董事长杨虎作

杨虎
广东省民宿行业协会会长

李钰林
广东省民宿产业研究院
执行院长

肖纬宸
云山悦舍民宿主理人

叶芷希
英德峦上憩民宿创始人

田丽媛
原点心墅民宿创始人

吴洪亮
新加坡国立大学教授

柯世明
广州彼岸云水间民宿
运营总监

为本次论坛的主持人，带领嘉宾们做了两个主题的讨论，第一个主题是：疗愈经济下，民宿市场发展的趋势。

广东省民宿产业研究院执行院长、山朵文旅集团董事长李钰林认为："疗愈经济越来越火对于我们民宿行业的发展来说肯定是一个利好。我们民宿的空间本来就有很好的疗愈氛围感。疗愈师可以和民宿主异业联盟，民宿主提供场地，疗愈师提供内容，民宿就可以获得很高的溢价，客户也能得到身心的疗愈，收获物超所值的住宿体验。"

云山悦舍民宿主理人、心灵疗愈师肖纬宸回答道："首先，我认为一个好的疗愈民宿，其主理人必须懂疗愈、懂心理学，这样才能让客人打开门就有安全感。其次，疗愈民宿最好是在山林里，在水边，其装修应该是仿古的，而非城市里那种五星级酒店的豪华风格。它让客人能连接小时候那种回归自然的状态。如果民宿主理人学过疗愈相关内容，还可以将疗愈作为附加值，为客户带来更丰富的体验。"

英德峦上憩民宿创始人、古御芳四季养生连锁董事长叶芷希认为："当我在经营连锁店养生馆时，发现高端客户的精神需求无处安放，于是我做起了民宿。首先，我提供的整个自然环境是独一无二的，客户可以呼吸到新鲜空气，喝到洁净的水，吃到养胃的食物。我提供的场所能够感染客户，让他们感受到身心的疗愈。这个时候客户才会敞开心扉，实现心灵的重启。"

原点心墅民宿创始人、心无限生命智慧学院创始人田丽媛认为："我2017年之前在外企，快节奏的生活让我迷茫、焦虑和失眠，我渴望找到一种快乐的生活方式来滋养自己。但是我去很多地方分享时发现场所都不合适，所以我在一个闹中取静的地方创办了民宿，里面有疗愈室、芳香室、品茶室，所有的空间都融入了疗愈，大家会感觉很放松。我觉得在当前经济形势下，疗愈民宿是大势所趋，因为它能提升我们所有人的幸福指数。"

新加坡国立大学教授、从心隐民宿创始人吴洪亮认为："疗愈如何植入民宿这个行业，甚至植入文旅产业，是我们共同的课题。我的民宿开在内地落差最大的瀑布山脚下，提供瀑布疗愈和心灵疗愈。我本人既是建筑师，也是老师。'疗愈'这两个字，一个是'疗'，一个是'愈'，英文一个是healing，一个是recovery。无论是乡野疗愈、森林疗愈、瀑布疗愈、美食疗愈还是艺术疗愈，都是为了实现人全身心的修复，让人与自己、与世界、与他人和解。具体每一家民宿如何去做，是不一样的。各家民宿在细分领域争取做到第一，这样既不内卷，又有独特的内容。"

广州彼岸云水间民宿运营总监、广州乡村振兴控股集团乡村运营总监柯世明回答道："我是做产业投资的，投资的民宿有3家。以我的理解，现在的民宿已经有3个版本了，1.0版就是提供住宿功能的产品，2.0版是网红打卡地，3.0版应该是疗愈产品。为什么这样说呢？城市里生活的人，越来越像一个物件，都标上了价格，标上了具体的功能，就像困在鸽子笼里，虽然看得高，但已经是没有灵魂了，一直追求着理性，脑子一直在思考。但是，人还是要用心来活着，用心去感受生活。追求高效率的城市发展忽略了人内心的这种追求，越来越多的人在寻找一种解脱，而民宿就是满足这个需求的空间载体之一，它可以有温度的交互。当下需要更加有文化的、有温度的方向去发展民宿的业态与它的功能。"

第二个讨论的话题是：在疗愈的视角下，民宿如何重塑旅宿新生态？

李钰林的回答可以概括为:"如何把疗愈的内容多元化融入民宿的新生态里面去?我觉得依靠最简单的'六觉'就可以了。疗愈摆设就是视觉,床垫就是触觉,精油就是嗅觉,美食就是味觉,疗愈音乐就是听觉。这些都做好了,客户来到我们的民宿就能真正疗愈到自己了。"

肖纬宸认为:"民宿就是一个场景,一个有疗愈的场景,它是一个私域文化。我们吸引的是要寻找自己的人,我们要小而美而精的东西。顾客的心灵在这里感觉很舒服,便会拍照打卡,发朋友圈。民宿还可以结合冥想、香道、茶道等,把住宿变成一种体验。顾客如果做个案疗愈,那我的收费是一个小时800~1 000元,但是到我的民宿里来,付一份房费就可以得到这些附加值。那么他下次就会再来,甚至愿意推荐朋友来。"

叶芷希认为："现在的民宿，每一家都有它的特色，因为现在的人对环境设计有非常高的要求。但是我觉得只有拥抱大自然、享受大自然才能让心灵放松。接下来，疗愈师和民宿应该强强联手，双方互相导流客源，才能让更多人的幸福指数更高。"

田丽媛认为："疗愈是心的连接，是心的真正的安静。在大自然中，在周边的景区当中，在民宿当中，要让客户感受到心灵的宁静和疗愈的力量，深度唤醒他们内心的爱和善，让他们真正感受到世界的美好，让他们恢复青春的活力，让他们重塑身心和容颜。"

吴洪亮认为："疗愈其实是自己对自己内心终极浪漫的开始。我们每个人不管是此时此刻还是去各家不同的民宿，都要能发现真正疗愈自己的方式。或许是跟人的一场座谈，或许是一场下午茶，或许是一次爬山旅行，或许是观看瀑布并冥想。我希望大家都对自己好一点，尤其在这个特别浮躁的年代。"

柯世明认为："有什么样的东西能够驱使客户跨越千山万水去民宿？无非就是美景、美食、美摄、健康或者艺术，它们都能够给我们疗愈。疗愈的目的是什么？疗愈是打开格局，观看这个世界的变化，然后在这个世界里面观察自己是什么样的一个存在。当我们重复地反观自己的内心，就会找到那种平衡，它是基于自然规律的平衡。"

7位来自民宿行业的专家分别阐述了自己对于疗愈民宿的看法和见地，也给许多从事民宿行业的人提供了疗愈与民宿融合的解决方案。

行业论坛3：设计师疗愈论坛

此次设计师疗愈论坛的主题为"疗愈经济下，室内设计新趋势"。

第一个讨论的话题是：疗愈经济下，室内设计的趋势。

聂剑平
墅家人文度假品牌创始人

蔡鸣
深圳市有山设计顾问有限公司创始人/设计总监

刘革胜
深圳市华辉装饰工程建筑装饰研究院院长/总设计师

续景升
深圳市续景升空间规划设计有限公司创始人

墅家人文度假品牌创始人、云南省旅游民宿协会名誉会长聂剑平回答道:"我是比较早跨行的,利用自己的设计理念和资源去做了'墅家'这个品牌的度假产品。'疗愈'这个词被越来越多的人提及,说明有市场需求。我们做设计就必然要重视这个趋势,毕竟设计师要根据需求去做设计。未来的3～5年,极有可能疗愈市场会越来越大,我相信它会触及生活的所有领域。"

深圳市有山设计顾问有限公司创始人兼设计总监、深圳市室内设计师协会执行会长蔡鸣回答道:"我站在设计师的角度来说,所有有利于身心健康的环境都是疗愈空间,比如SPA(水疗)、餐厅、酒店、民宿等。不管这个空间的物理属性是什么,或者功能是什么,但凡能让人心感到身心愉悦的空间就有疗愈功能。除了物理空间,设计师还可以利用感官的几个功能去产生疗愈效果,比如很多酒店会专门定制香氛等让人放松,所以疗愈的范围我认为是很广的。未来5～10年,疗愈与设计结合应该是个大的趋势。"

深圳市华辉装饰工程建筑装饰研究院院长兼总设计师、中国设计品牌大会领导力人物刘革胜认为:"疗愈这两年非常火。早在约1700年前,医药大师葛洪就探索出多种基于动植物的疗愈方法;时间推进到十来年前,泰国的SPA被一些人追捧为疗愈的必选项。到了现在,疗愈是什么呢?我本身在研发与推广一个石墨烯系列的产品,包括石墨烯蒸房、石墨烯水疗、石墨烯休闲床垫。我希望将传统自然疗法中对身心调整的专注与现代科学技术结合,以此开辟出全新的疗愈路径。"

深圳市续景升空间规划设计有限公司创始人、艾特奖-华为全屋智能设计大赛全国十大杰出设计师续景升认为:"谈到疗愈经济,就肯定离不开市场。市场的本质是以市场体制为基础,对资源进行有效分配。它是以人为核心的,而人的需求始终遵循人性规律。随着社会的进步,我们开始更多地关注精神需求,比如松弛感、氛围感、仪式感、沉浸感和情绪感。我认为松弛感应让人远离孤独并尽量不做刻意的设计;氛围感可以是热闹的,也可以是平静的;仪式感和沉浸感可以将人的感受推向一个体验的峰值,在情绪的自我加工和转化下,对空间产生情感的共鸣。"

第二个讨论的话题是：在室内设计中，有疗愈感的设计该怎么做？

续景升认为："松弛感需要从空间布局入手，减少隔断，使空间能够更开阔，使人的身心能够有松弛的氛围。同时在这个氛围里加上可调控光的这种智能化技术就更好了。在仪式感上可以在空间的入口重点布局一些艺术性雕塑，烘托艺术的价值。在沉浸感上可以增加一些互动性的装置，让人们与空间能够产生交流。在情绪感上让人们在物理上进行交流的同时，在心灵上也能达到一种交流和升华。最后使人与空间达到完美的统一。"

刘革胜回答道："我觉得从根本上讲疗愈是轻松愉悦的，用一句话来概括就是：留白天地宽。"

蔡鸣认为："疗愈空间，不管是什么用途，都需要让人感到身心愉悦，而且能够很方便地满足客户的需求。每个人都是设计师，只不过我们经过了专业的训练，可能知道一些比例和色彩搭配等的运用。在布置自己家的时候，我会建议用一些比较自然的材料，比如木头和石头，然后尽量借用户外的景，因为大自然是最疗愈的。很多漂亮的民宿窗户一打开就是群山、竹林和溪流。如果没有很好的自然景观，就可以采购仿日光的灯，在地上铺上石子，弄上仿真植物等。"

聂剑平认为："一直讲设计以人为本，但是疗愈空间的设计最终是按照设计师的眼光去把动线的功能做好。疗愈是个非常个性的问题，我从今年准备把疗愈作为主题以后，目前正在设计三清山度假村，但我一直在改方案，因为我一直思考什么样的手法能够让人感觉到被疗愈。大自然是第一位的，材料已经不重要了，我们以往强调用什么材质、用什么颜色，但现在我更多的是把气场做到让人能待下来。除此之外，以往做设计都是以视觉为主，满足功能基本就好了。为了疗愈，我们现在要考虑五感，除了要好看，还要好闻，要闻到大自然的味道、本地的味道、草原的味道、山里的味道。还要好听，三清山有几百种鸟，我要去收集那些鸟的声音。在我们大堂里，能够听到来自本地的声音。还要好吃，从早餐到午餐到晚餐，不仅要有仪式感，还要考虑这些食物只能在这个地方吃到。最后一个就是触觉，床品给人的心理感觉必须很舒服，能够让心灵得到疗愈是我们首先要考虑的。因为所谓疗愈，是综合性的。不是说拍照好看就行了，体验不好，客户下次就不会来了。从设计角度来说，其难度比以往大了很多。"

4位专家给许多从事设计行业的人提供了疗愈与设计融合的捷径。

行业论坛4：母婴疗愈论坛

此次母婴疗愈论坛的主题为"母婴疗愈·光照未来"。

戴子雄
博鳌全球母婴产业发展论坛主席

范晏瑞
亚洲盆腔复健医学会秘书长

陈婷
紫月皇后联合创始人

付稚
月子皇后联合创始人

周华
三甲医院心理科主任

主持人问的第一个问题是：为什么对家庭和社会来说，母婴疗愈是重要的？

月子皇后联合创始人、《身心减压师培训教程》主编付稚认为："在婴儿期甚至在胎儿期，母婴的情感互动为这个孩子的一生奠定了基础。现在青少年抑郁率这么高，以及现在全国保守估计有1.4亿人有抑郁症，有6 800万人有焦虑症，我想跟早期依恋关系建立得不好有一定的关系。现在许多人不婚不育、恐婚恐育，我认为也和婴儿期的母婴情感互动有关系。这种互动在心理学上叫作依恋模式。如果那个时候孩子得到了很好的照顾，有温暖的回应，妈妈对孩子是温暖有爱的，那么孩子可能一生就有安全感。但实际上有好多妈妈在抑郁和情绪起伏不定的情况下照顾孩子，那么孩子很可能就是焦虑的。安全感的建立，对孩子有着很大的影响。妈妈太冷漠，甚至对这个孩子很厌烦，孩子

容易形成回避型的依恋模式。所以对家庭和社会来说，母婴疗愈是非常重要的。"

主持人根据付稚的回答，又抛出了一个问题：母婴产业未来的发展是怎样的？

博鳌全球母婴产业发展论坛主席、中国妇幼保健协会妇幼健康服务产业委员会副主任戴子雄回答道："我在母婴行业做了15年。从月子会所到产后修复店，到母婴服务的互联网平台，到现在的母婴疗愈机构。我的个人感觉就是过去这么多年，我们国家的母婴服务工作在不断发展壮大，专业性在不断提高，业态在不断细分。但是有一个普遍性的问题，那就是过去这么多年来，我们多数时候只做了物理层面的护理和服务，不管是我们的月子会所，还是我们的产后修复店，还是我们的小儿推拿，还是我们的托育等，在母婴身心疗愈成长方面还是缺失的。现在科技高度发达，人类的心灵反而无处安放。在这样的大背景下，疗愈对母婴、家庭、社会和国家都是非常重要的。所以我推出了这么一个母婴疗愈的平台，希望能够给母婴服务机构注入文化灵魂，让我们对母婴的关爱由物理层面上升到精神、文化、身心层面。这样的话，我们提升的可能不是一代人，而是三代人；提升的不只是家庭，还是社会、国家，甚至整个人类。"

戴子雄主持的博鳌全球母婴产业发展论坛，每次都有一两千人的规模。主持人根据戴主席的发言内容，提出了更尖锐的问题：母婴疗愈如此重要，如何能够为它的良性发展保驾护航呢？

周华作为三甲医院心理科主任、中国科学院心理研究所高级EAP咨询师，回答道："母婴疗愈平台可以整合各个领域的专业人士，有了各位专家的指引，就能够朝着更加专业和科学的方向去发展。"

付稚补充道:"有两个概念,一个叫全链条,一个是潜意识。首先是全链条,全链条是指把身心疗愈的内容置入孕期、产中和产后。在孕期告诉母亲,胎教对孩子的重要性,不是光给胎儿听古典音乐就可以的,妈妈的情绪也会影响孩子;在产中,要打造六感疗愈型月子会所,让妈妈和孩子在眼、耳、鼻、舌、身、意这6个维度被滋养;在产后,遇到夫妻关系、婆媳关系紧张的情况,所有的情绪的跌宕起伏都需要情感的疗愈和智慧的引导,产后的课程和活动要全方位植入疗愈的内容。第二个是潜意识,许多人知道我应该爱这个孩子,欢迎这个孩子,但孩子生下来,就是一点儿不爱,这很可能是因为母亲的童年创伤和原生家庭。需要清理她的创伤,让她有能力去爱孩子。为了让母婴疗愈有科学依据,我们用专业的仪器进行脑电波检测,知道妈妈是在意识区域还是在潜意识状态下,然后想办法疗愈其原生家庭的创伤。"

母婴产业分会产康专委会副主任、华禧母婴平台联合创始人范晏瑞也补充道:"我过去的企业估值40多亿元,但总是没有幸福感,同时现在越来越多的青少年抑郁,我不断思考根源是什么。我现在认为这和妈妈孕期和月子期有一定关系,于是创办了六感疗愈型月子会所。首先通过色彩、芳香等各种类型的沙龙课程来帮助妈妈们的心理得到成长。100多间房的月子会所,现在全部满房。我会从音声的角度为空间赋能,比如开办颂钵音乐会等,让客户有更丰满的心灵层面的体验感。其次是味觉。过去月子会所更关注营养,现在很多加入了疗愈的元素,比如在饮食中加入一些可服用的高纯度植物精油,为客户定制疗愈身心的餐食。最后在触觉上,我们提供头、身体的抚触等。从孕期到产后1 000天,甚至终身,我们都可以去帮助妈妈们。我们现在通过综合的、多维度的立体结构，帮助客户解决身心问题。"

母婴产业分会教育咨询专委会副主任、紫月皇后联合创始人陈婷回答道："身为一位妈妈，我也曾经非常焦虑，怕自己做不了一个好的妻子、好的女儿、好的老板、好的员工和好的妈妈，这种焦虑让我有一段时间特别苦恼。当我进入母婴行业，我发现不仅是月子会所，所有服务妈妈的企业，比如产后康复门店、家政公司女性社群等，都有疗愈的需求。就拿月子会所来说，在中国有近7 000家，这意味着有许多高净值家庭中的主妇同我一样渴求身心灵的成长，而现在市场上缺少相关产业，也缺少大量的从业人员。所以我很渴望有更多的人能够成为母婴疗愈师，进入母婴行业，因为它背后是千万个高净值家庭的需求。"

5位来自母婴行业的专家分享了自己对母婴疗愈的理解，也为许多疗愈师指明了新的就业方向，为更多的母婴产业创业者们提供了大量的母婴与疗愈结合的创见。

行业论坛5：疗愈文旅论坛

此次疗愈文旅论坛的主题为"疗愈助力文旅目的地"。

第一个讨论的话题是：疗愈能够从哪些维度为文旅目的地赋能？

订单来了商务总监曾通认为："文旅接下来提升核心竞争力的一个关键板块是内容板块，包括线上内容和线下内容。我们不难发现，那些具备丰富内容、出色策划能力和鲜明主题的文旅项目会更容易赢得市场和线上媒体的青睐。疗愈就是一个极为优质的内容载体。我们也察觉到，传统的组团旅行社的消亡速度比我们预想的要快。传统组团社的运作模式不过是将目的地的一些资源和交通进行简单整合，打包给消费者。但是后面发现越来越行不通了,因为很多消费者都有自主意识。尤其线上渠道日臻健全之后,消费者很容易接触到终端酒店。如此一来,组团社存在的意义就不大了。旅行社全年的利润也就10%～15%,赚的就是中介费用。我们也观察到,有一些新兴旅行社以策划疗愈主题的形式在打造产品,比如组织一批年轻人去某座山上打八段锦,或是带领一帮宠物主携萌宠出游。所以我认为,文旅要做好,就要有优质的内容,而疗愈是极佳的载体。"

墅家人文度假品牌创始人、云南省旅游民宿协会名誉会长聂剑平认为:"疗愈的火爆是一个社会现象。我之前做了十几年的文旅产品,一直找不到我们酒店的核心内涵到底是什么。因为绝大部分酒店解决的不过是住的问题。但这个问题不难解决,哪怕现在有些民宿提供了管家式服务,但我认为那些服务没有核心价值,无非是让客人在吃喝玩乐方面稍微好一点。我研究了十几年,直到今年才决定下来要做疗愈。旅行本身就是疗愈的过程。我创建的品牌叫墅家,我希望墅家成为人们的第二家园,当人们想旅行和疗愈的时候,就会想到墅家。目前我们旗下的9个酒店和度假村全部以疗愈为核心内容。我又把其分成两类。云南的4家店主打自然疗愈,我们会鼓励大家去登山、骑马、徒步,去领略当地的风景,同时体验在地文化。之前我们只关注让客人在酒店里住好吃好,至于客人出去干什么我们并不在意。但现在,我们会为他们安排一整天的行程。比如清晨看日出,上午去哪里家访,下午去哪里徒步,晚上回来后再做一些疗愈性质的SPA。我们并非让客人简单跑出去拍个照,而忽略其他体验。除了在云南的自然疗愈,在城市里的酒店没有风景,也不靠海边,我们只能靠疗愈来做内容。这里的疗愈不只是出去徒步、登山,更多的是要解决人们身心的问题。

我们以惠州为试点做这类疗愈的整合，苏州、宁波的几个酒店也是如此。希望与所有同行交朋友，把各类疗愈内容放到这些空间里来。"

丽江地中海国际度假区总经理、资深文旅专家黄珊珊回答道："就我们度假区而言，着力点还是在酒店场景式服务项目的打造。我们主推自然疗愈能量场，在声音疗愈和色彩疗愈方面打造一些产品的场景，比如打造50亩香料种植园，那么精油和香氛疗愈产品的场景就呈现出来了。大家既可以参与采摘，还可以参与制作，享受每个环节带来的乐趣。在声音方面，除了音钵这一类型外，我们还做了一个声音采集房，让我们的客人可以在这个房间里听到风雨声，以及自己的心跳声，这些都是非常疗愈的。我们度假村里还有一棵阿美泽神树，阿美泽是纳西族语言中'大地母亲的树'的直译，寓意是生生不息。我们会在阿美泽神树下做冥想和瑜伽，本身这棵神树是当地纳西族祈福的一个场所。所以可以在那里无限地接近自然，从而激发客户对于生活更深层次的探索与热爱，让疗愈落到实处。"

中国刀锋战士、"逐日"亲子徒步节创始人独脚潘认为："疗愈的方法很多，在博览会现场见到了很多老师，有很多不同的派系。我只聊我自己比较擅长的，一个是户外，另一个是运动。就户外而言，我非常赞同聂总和黄总的观点，就是我们需要来到纯自然环境。这里面不会有太多的人工痕迹，因为平时我们在钢筋水泥里待腻了。只有切换到完全不同的体验，才会有新的状态，这是一个前提。那么为什么我比较强调运动？因为我相信人的心灵跟身体是相通的，只有身体打开了，心灵才更容易打开，心灵打开了，关系才会打开。关系是我们每个人生命当中最重要的部分，这就是为什么我疗愈青少年一定要从整个家庭的关系来处理，而不单单关注青少年的自身成长。比如我从儿子6岁开始就带他去户外徒步和进行各种探险。我印象很深,他8岁时在内蒙古草原徒步,有一天要走38千米。走到32千米的时候,他真的走不动了,再怎么鼓励都走不动的那种。所以我就让他上车了,然后很安心地告诉他,'儿子,爸爸知道你今天累了,我相信你今晚睡一觉之后,明天能继续',然后他第二天满血复活。在他9岁那年,我带他去云南的哈巴雪山,我们凌晨两点半起来,从4 300米的营地往5 396米的峰顶走。到了4 700米不到的大石板坡,因为天黑,他很害怕,但是我不会像其他人一样硬要把他背上去,而要让他靠自己的能力上去。我就告诉他说,'儿子,现在我让向导带你下山,安全是第一位的',然后他就真的下山了。当我登上峰顶,再回到营地的时候,发现他一个人在营地,因为没有完成自己的愿望而失落。我就问他:'儿子,你为什么不高兴?'他说:'我没有完成自己的目标,觉得自己不厉害。'

我就再问他一个问题：'你想想看你今天早上爬到了4 600多米。你全校同学有几个人到达这个高度的？'他说：'可能一个都没有。'我说：'你太棒了，你已经到了那个高度了。'然后他就一下子开心了。所以我觉得人在户外，在真诚的环境下，当身体打开的时候，所有的关系是通的。孩子能感受到最亲爱的那个人真正发自内心的爱和支持，那种关系是留在心灵深处的。所以我一直深耕户外运动，也希望未来我们能够为全国更多的家庭提供更好的户外疗愈服务。"

第二个讨论的话题是：如何在旅游目的地中，更好地融入疗愈元素，增加品牌溢价？

曾通回答道："我不是产品经理，所以我非常佩服像聂总、黄总和潘老师这样真的把产品落地的人，他们非常务实。我更多还是站在营销的角度，以一个消费者的身份去分享一下。我认为利用疗愈提升溢价关键的点还是在品牌和意识形态层面。消费者每天刷抖音、小红书和微信，接收的信息很杂很多。我们怎么在这个信息爆炸的年代快速被用户看见，这个很重要。我认为疗愈天然就是一个能够让人放松下来的主题，无非是我们怎么让这个主题更好地被人接受。我看到复星集团在他们的广告牌上写着'人生自然宽广'，这句话就很打动我。我觉得对于我们创始人来说，意识形态的抽象提炼与输出非常关键。要用一句话打动人，这句话要非常有力量。"

聂剑平回答道："可能是我到了这个年纪了，我的口号是疗愈自己，疗愈他人。如果这个产品让我自己很疗愈，我相信我的客人也会很喜欢。我也算走过很多地方，见识过很多事情，享受过很多东西。如果一个地方能够让我回来两三次，那一定有它核心的内容。我们目前阶段是把疗愈的内容做好。对我们来讲，疗愈是个新课题。毕竟我们只是做酒店、做民宿、做度假村,但到底什么样的疗愈内容能够让客人喜欢,我不知道我花几年能解决。"

黄珊珊回答道:"潘老师讲到了关系,聂老师讲到了体验和场景。我觉得对于酒店行业或文旅项目,怎么样实现疗愈对于品牌的赋能溢价,需要客人参与到体验中去。我们已经不再是单独提供一个住宿的场所,而是让客户参与整个体验。比如,入住的时候,让客人自己动手做一个专属于他自己的能量饮料,食材都可以自选,每个人选的东西都不一样。所以他的参与感很强,形成了记忆点,也跟我们的产品形成了一个链接。实际上,我们度假区里面有两家酒店,一家是地中海俱乐部Club Med,做的是一价全含,每天都排了满满的课程。所以客人获得的是全天的体验,带孩子的家长完全可以把小孩交给我们。Club Med品牌在亲子领域是世界一流的产品,我们客户的黏性非常高,因为他终于可以休息一下了。我们还有另外一家酒店,同样采取这种套餐的形式,所以有很多项目都是客人可以体验的。我们度假区的价格在同级别的酒店里面是最贵的,就是因为有这些产品的加持。"

独脚潘认为:"我觉得溢价应该不仅仅指价格。你必须要提供背后支撑的价值,这个是关键。我们通过4年时间,把亲子戈壁徒步节做成了全国影响力最大的。这里面遵循了3个原则。第一是要有独一无二的东西。我们在戈壁滩上做的徒步节叫'逐日',追逐太阳的逐日。我们真的在戈壁滩上的东边竖起了一轮9米高的'太阳',然后用这轮'太阳'把所有孩子和家长的烦恼全部挂上去,在日出前烧得干干净净。这是一个独一无二的仪式,也是一个独一无二的疗愈场景。至少据我了解,国内除了我们,没有人在戈壁滩上愿意投入那么多精力和金钱去造一个场景,去疗愈那些家庭和孩子。所以这是独一无二的价值。第二是提供附加价值。在徒步节的最后一天，回到酒店室内，把前几天徒步产生的深厚感情内化，家庭共同去做一张幸福的版图。很多家庭告诉我，潘老师，当年我们在走完'逐日'徒步之后，真的在一年内把60%的梦想都实现了。这些对家庭来讲有多大的价值？那是无价的。所有的成员凝聚在一起，向着自己的梦想努力。第三是价格亲民。现在市面上戈壁徒步项目大部分定价在1万元以上，而我们亲子徒步节定价是一个人7 980元。这是因为我们在戈壁滩上有自己的营地。我们自己的装备帐篷就能满足3 000人以上规模的徒步，所以我能以更合理的价格提供给消费者。中间产生的溢价，我愿意反馈给我们的逐日追光大使。"

4位来自文旅行业的专家的分享和讨论，可以让许多人了解疗愈如何与文旅产生"化学反应"，给他们一些启发。愈到集团通过开设这5个行业的疗愈论坛，让更多的人知道"所有行业都能用疗愈再做一遍"，今后也会继续在各个领域寻找专家，通过开设论坛和主题分享的方式，让更多的行业加入疗愈生态圈。

5.2 中国疗愈经济规模达10万亿元

不管是微信、小红书还是抖音，笔者见到许多博主都在说疗愈有7万亿美元的市场，这个数据来源于全球健康研究所《全球健康经济：超越新冠病毒》[1]中预测的2025年底的数据。这个数据是全球疗愈经济的市场规模数据，那中国有多少市场规模呢？笔者给出的数据是10万亿元。

这个数据可不是随意编造的，既然所有行业都能用疗愈再做一遍，那么通过分析中国最常见的文化产业、旅游产业、酒店产业、美容产业、商业地产、古镇产业、餐饮产业和家居产业，就能推算出中国疗愈经济的规模了。

5.2.1 13万亿元的文化产业

疗愈产业与文化产业本身就密不可分。文化是人类的精神活动及其产物，本身就具有教育、传承和疗愈的功能。现代都市相当多的人通过看演出或者买书去疗愈内心。

文化产业包含新闻出版、文化创意与设计、工艺品生产销售、非遗保护、艺术品展览、文艺演出等。比如笔者写的《疗愈经济》就是

---

1 https://finance.sina.com.cn/7x24/2023-05-06/doc-imysuuwe3107346.shtml?cref=cj.

一本出版物，愈到集团举办的线上和线下的疗愈艺术展也属于文化产业的展览类别，举办的各种疗愈音乐会等都属于文艺演出，愈到集团还扶持大量的艺术家做文创周边产品，并极力推广中国的非遗项目，这些都是疗愈和文化融合的成果。

那么中国文化产业的市场规模有多大呢？根据国家统计局对全国7.7万家规模以上文化及相关产业企业的调查，这些企业在2024年上半年的营业收入达到了6.5万亿元，同比增长7.5%[1]。笔者保守估计，中国文化产业2024年全年的市场规模在13万亿元左右。

5.2.2　5.5万亿元的旅游产业

疗愈产业与旅游产业也是许多人首先想到的跨界融合。现代人旅游出行，最大的目的无非就是逃离各种压力，获得心灵的放松与疗愈。

旅游产业包含了旅游交通、旅游住宿、旅游餐饮、旅游娱乐、旅游购物、旅游服务等。在第一届和第二届疗愈博览会上就有全国各地的文旅项目，那么中国旅游产业的市场规模有多大呢？

根据文化和旅游部公布的数据，2024年上半年，国内出游人次达到27.25亿，同比增长14.3%；国内游客出游总花费2.73万亿元，同比增长19.0%[2]。笔者保守估计，中国旅游产业2024年的市场规模为5.5亿元左右。

5.2.3　17万亿元的酒店产业

酒店产业从狭义上来说，属于旅游产业，它提供的住宿、餐饮和

1　https://www.stats.gov.cn/sj/zxfb/202407/t20240730_1955888.html。
2　https://zwgk.mct.gov.cn/zfxxgkml/tjxx/202407/t20240726_954368.html。

休闲娱乐服务能够给旅游产业提供极大的支撑。但从广义上来说，酒店产业并不局限于旅游产业，因为酒店产业还涵盖地产开发和酒店管理等。

如果把酒店看成旅游产业的一部分，那疗愈和它的关系非常密切，毕竟人们旅行的目的在某种意义上也是为了疗愈，而酒店恰恰是提供疗愈功能的关键场所之一。

根据奥维云网的监测数据，截至2024年上半年，全国共有34万家酒店和约5万家民宿，整个市场竞争非常激烈。2024年"五一"假期的平均入住率为55%，比2023年的69.2%整整下降了1/5。[1]这还是"五一"黄金周，平时的入住率会更低。但是与疗愈相关的酒店，如阿纳迪、安缦、不是居、大乐之野、松赞等的入住价格和入住率都远远高于市场平均值，可见疗愈给酒店带来溢价的能力。

如果把酒店产业看成大宗资产，则疗愈产业与酒店资产更是密不可分。简单来说，疗愈让酒店的入住价格和入住率更高，极大地拉高了酒店的估值，酒店作为资产在出售时也会更高。

据仲量联行统计，2023年，中国内地酒店投资交易共达成58单，交易总额突破239.4亿元。[2]按此推算，每家酒店的价值将超过4亿元，但考虑到酒店资产的价格根据其规模和所在城市的不同，差异较大，笔者以5 000万元作为平均值计算中国内地34万家酒店的规模，粗略估计中国酒店资产规模在17万亿元。

1　https://baijiahao.baidu.com/s?id=1799008885562009121.

2　https://baijiahao.baidu.com/s?id=1791469778299438122&wfr=spider&for=pc.

5.2.4　4 600亿元的美容产业

疗愈产业与美容产业可以说是密不可分。美容的主要客户群体是女性，她们通过各种美容产品和服务让自己变得更美丽，这本身就是一种悦己疗愈，更何况现在越来越多的女性把美容场所作为自己放松心情、疗愈自己的私密空间。

这也就意味着美容产业的用户大多是奔着疗愈的目的去的。现在许多高端美容产品都开始打出疗愈的功效来提升产品的市场占有率，情绪护肤、芳香疗愈等成了各大品牌的独特标签。那么中国美容产业的市场规模有多大呢？

根据美团研究院发布的《2023年美容美体行业发展报告》，我国美容美体行业预计2023年行业规模可达4 600亿元。后续美容美体行业将保持5%左右的复合增长率，2030年市场规模有望突破6 400亿元[1]。

5.2.5　数十万亿元的商业地产

商业地产的核心是通过商业运营将地产资源盘活，提升地块的商业价值。传统的商业地产运营逻辑就是简单地做一个二房东，但是在整个市场大环境下，商业地产从提供物理空间转向基于空间打造生态。通过对企业客户、产业链等多方资源的整合，让商业地产变成一个生态圈，客户足不出户便能链接到优质资源，实现圈层突破。

这时候疗愈产业就成为商业地产提升商业价值、打造生态的必备产业，因为商业地产需要服务企业、服务人，而现在几乎所有的人都

1　https://baijiahao.baidu.com/s?id=1784407995755500815&wfr=spider&for=pc。

被各种压力缠绕，时刻都有疗愈的需求。

国内许多商业地产也已经尝到了疗愈的甜头，比如广州的西方大院、上海久光打造的治愈之境、郑州的朗悦里街区等都通过引入疗愈产业、打造全新的生态来带动人流，提升人均消费，从而提升地块的商业价值。

那么中国商业地产的市场规模有多大呢？根据中指研究院发布的《2024中国商业地产发展白皮书》[1]，2024年1～5月，全国商办用房的开发投资额为4 493亿元。这仅仅是新项目的开发投资额，还未算上存量地产。那么中国商业地产的市场规模到底有多大呢？

以下把商业地产拆分为写字楼、产业园区和购物中心3个部分。

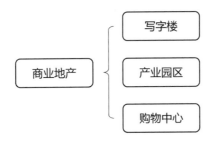

根据中国房地产指数系统写字楼租金指数对全国重点城市主要商圈写字楼租赁样本的调查数据，截至2024年3月底，重点城市甲级写字楼总建筑面积共3.63亿平方米，全国重点城市主要商圈写字楼平均租金为每天4.68元/平方米[2]，按此计算全国重点城市的甲级写字楼年租金为6 200亿元。

以上仅仅是国内重点城市甲级写字楼一年的租金收益，还没有算

1　https://roll.sohu.com/a/790944092_121123889.
2　https://baijiahao.baidu.com/s?id=1797105272001579438&wfr=spider&for=pc.

上非甲级写字楼的收益和出售的价格，所以保守估计，写字楼的市场规模在10万亿元以上。

除了写字楼以外，产业园区同样属于商业地产。根据前瞻产业研究院统计数据，当前我国共有超78 000个产业园区。另有公开数据显示，预计到2025年园区总供应量将突破62亿平方米[1]，其租赁市场和出售市场规模在10万亿元以上。

除了写字楼和产业园区，购物中心的体量也是巨大的。根据赢商大数据，截至2023年底，全国购物中心存量高达5 827个，总体量达5.17亿平方米[2]，其租赁与出售的市场规模也在10万亿元以上。

写字楼、产业园区和购物中心的市场规模都在10万亿元以上，所以商业地产至少有数十万亿元的市场规模。

5.2.6　数十万亿元的古镇产业

古镇产业的核心是通过商业运营，将古镇资源盘活，传统的运营逻辑就是简单地做一个二房东，将古镇翻新或改造，然后对外出租就可以了，但是根据公开发布的信息，我国共有2 800多座已开发或正在开发的古城镇，这一数量在全球范围内位居第一[3]。

但是99%的古镇同质化严重，千篇一律的商铺、清一色的竹筒奶茶和臭豆腐小吃，风格相似的青砖白墙和小桥流水，售卖着义乌生产的同类型小商品，如同复制粘贴一样。

这时候疗愈产业就成了古镇产业提升商业价值的必备产业，因为

1　https://news.qq.com/rain/a/20240830A00ZU800.

2　http://news.winshang.com/html/072/3002.html.

3　https://baijiahao.baidu.com/s?id=1761433806642276108&wfr=spider&for=pc.

古镇产业需要吸引客流，而相当多人有疗愈的需求。那么中国古镇市场规模有多大呢？

没有相关的数据直接显示中国古镇的具体面积，但可以明确的是，古镇数量有2 800多座。大的如乌镇，面积达79平方千米[1]；小点的像苏州黎里古镇，仅有0.69平方千米[2]。按每个古镇平均10平方千米来估算，总面积就有28 000平方千米，也就是280亿平方米，其市场体量在数十万亿元以上。

5.2.7　5.2万亿元的餐饮产业

随着现代生活节奏的加快和工作压力的增大，人们越来越注重身心健康，对于餐饮的需求也逐渐从单纯的饱腹转向寻求疗愈和心灵的慰藉。餐饮产业因此开始向疗愈方向拓展，从疗愈饮食、疗愈环境和疗愈服务3个角度加速转型。那么中国餐饮产业的市场规模有多大呢？

国家统计局发布的数据显示，2023年，全国餐饮收入52 890亿元，同比上升20.4%；限额以上单位餐饮收入13 356亿元，同比上升20.9%。中国饭店协会会长陈新华说："2023年餐饮在社会消费品零售总额中，增速领跑其他类型。"[3]

5.2.8　4.5万亿元的建材家居行业

随着消费者对健康和生活品质的追求日益提升，疗愈理念逐渐融入家居建材行业。这种理念强调通过创造舒适、宁静、有利于身心健

1　https://www.meipian.cn/574o516p.
2　http://dfzb.suzhou.gov.cn/dfzb/szdq/202309/5af9f7e99a7747f68ddb0b327704591d.shtml.
3　https://www.gov.cn/yaowen/liebiao/202402/content_6931511.htm.

康的居住环境，来提升人们的生活质量。在成熟案例中可以发现，疗愈可以在疗愈环境营造、功能性产品设计和个性化需求的满足上与建材家居行业进行融合。那么中国建材家居行业的市场规模有多大呢？

根据中研普华产业研究院发布的《2024—2029年家居建材行业市场深度分析及发展规划咨询综合研究报告》，预计中国建材家居行业市场2023年市场规模将达到4.5万亿元左右，同比增速约为7%[1]。

以上列举了与疗愈相关且在中国较为常见的文化产业、旅游产业、酒店产业、美容产业、商业地产、古镇产业、餐饮产业和家居产业，其年市场规模总和已近100万亿元人民币，这还没算上养生、泛心理和人工智能科技等内容。就按100万亿元人民币的10%来折算，中国疗愈经济的市场规模就达到10万亿元人民币。随着时间的推移，疗愈产业与各行业不断融合，相信在不久的将来，中国的疗愈经济将会切实地疗愈中国的经济，就像笔者所说的"用疗愈经济来疗愈经济"。

1　https://www.chinairn.com/hyzx/20241028/120321171.shtml。

5.3 典型行业疗愈落地实操方案

笔者的许多好友都来自可以和疗愈结合的行业，比如高端酒店、商业地产、连锁美业和景区等。当笔者说"所有行业都能用疗愈做一遍"时，他们毫不客气地直接地询问："你就告诉我该怎么做吧。"

5.3.1 酒店民宿与疗愈结合的5种方案

酒店和民宿原本是给客户提供居住的地方，如果能再提供各种疗愈服务，就可以极大地丰富客户体验，不但能提升酒店的入住率和入住单价，还可以增加客户的复购率。

2024年酒店与民宿行业的入住率数据比往年惨淡一些，其中的一个原因就是新开的酒店与民宿不在少数。且在酒店和民宿业激烈竞争的今天，如果只是传统地提供吃和住，那就很难凸显自己的核心竞争力。大部分酒店民宿的负责人在寻求突破时，最先想到的是通过硬件设备来提升。比如在房间内提供智能化的客房服务，包括语音控制、自动化窗帘、智能灯光等，可这些可以直接通过"钱"来解决的硬件设备，每一个酒店或民宿主都可以抄袭，随着时间的推移，这些硬件设备会在每个酒店或民宿普及，核心竞争力又变得荡然无存了。要想在竞争激烈的酒店民宿业突围，需要有难以抄袭的疗愈内容作为壁垒。

举个例子,客户在进入酒店前,可以先有仪式感地在门口敲一下铜锣,当进入酒店大堂后,会闻到定制的芳香,听到定制的疗愈音乐,看到每个角落的疗愈装修和布置。在入住时看到的前台人员都穿着有当地特色的服饰。入住房间后,床上还准备了舒适的疗愈服装,这件疗愈服装不只是在身体触觉上使人摆脱了以往穿着的束缚,更是从心理层面上让客户放下生活和工作中的各种烦恼,沉浸在酒店的疗愈服务之中。如果酒店还能够提供相关的疗愈活动和体验课程,那就可以更直接地提升客户的满意度。

但并不是所有的酒店和民宿主都愿意大动干戈地引入一大套疗愈解决方案。所以笔者按照难易程度,由浅入深地提供5种疗愈解决方案。

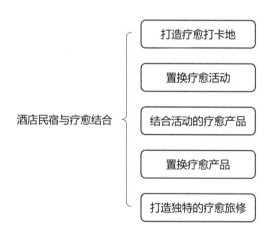

疗愈打卡地是一块可以让用户感觉到疗愈并可以拍照的区域。比如在河边的一棵梧桐树下,听着小鸟悦耳的鸣叫,本身就给用户带来了疗愈的感觉,同时又可以拍照。用户拍照就有可能自发地进行朋友圈宣传。疗愈打卡地可以是餐厅的某个安静的角落,或是门庭与走廊的一个台阶,或是房间窗口望出去的一片景色。酒店和民宿需要设计

9个疗愈打卡地，目的是凑满朋友圈的九宫格，方便用户进行朋友圈的宣传；而且这9个疗愈打卡地需要以图片或文件的方式发给用户，让用户知道哪里有疗愈打卡地，并且知道怎么拍才好看。

有了这些疗愈打卡地的图片，就需要让客户通过各种互联网平台进行宣传，比如客户发朋友圈或者小红书就送一杯咖啡等。通过这种打造疗愈打卡地的方式，酒店就可以用相对低的成本融合疗愈的元素。

疗愈打卡地的方式几乎是零成本的方案，除了用这个方案之外，还有一种几乎零成本的方案就是举办疗愈活动。举办疗愈活动是让酒店与民宿提升用户体验的直接途径。比如提供颂钵、冥想、手碟、香道等疗愈类的活动，客户可以自行选择参加，这样就能在吃和住的基础上提供情绪价值，很快就可以与同品类的酒店与民宿拉开差距。

如果直接通过采购或者招聘的方式去招募疗愈师，这样会增加酒店和民宿主的成本，但是与疗愈师进行资源置换，就可以零成本地举办疗愈活动了。酒店和民宿主为疗愈师提供免费的空间用于疗愈活动的开设，大部分疗愈师乐意有个环境优美的地方零成本举办疗愈活动，而参与的客人往往是需要住宿和用餐的，这就给酒店和民宿带来客源，这种资源置换对于双方来说都是有益的。

第三种结合疗愈的方案就是引入疗愈产品，常见的有疗愈乐器、精油、芳香、禅服等。许多酒店与民宿主会采购疗愈产品，疗愈产品要么放在公区用作疗愈环境的打造，要么摆放到显眼的位置供用户自行采购，这种传统的方式并不能很有效地增加酒店和民宿主的营收。笔者提出的方案是把疗愈产品与疗愈活动相结合，比如在给用户提供颂钵催眠的体验时，让客户穿着舒适的禅服，并且在房间的扩香机中滴上几滴精油，让客户通过嗅觉感受到大自然的芳香，当客户体验完疗愈服务后，会对疗愈产品产生购买意愿。当购买禅服或者精油回家后，客户带走的并不仅仅是精油，更是对这次疗愈活动的美好回忆和对酒店民宿的牵绊。

第四种结合疗愈的方案就是置换疗愈产品。较为成熟的标杆酒店完全可以与许多疗愈产品的生产厂家达成资源置换，比如对于某个新研发的疗愈科技设备，快速打开市场的捷径就是需要有实际案例，这时酒店和民宿主就给生产厂家提供产品的展示空间、给产品功能做评价的初期用户，以及厂家在进行市场宣传时的成功案例，而厂家要做的就是给酒店和民宿主提供1台设备。对于酒店和民宿来说，免费有一台疗愈设备来给客户做增值服务，何乐而不为？

第五种结合疗愈的方案是疗愈旅修。疗愈旅修就是将各种疗愈活动串在一起，给客户一整天甚至是几天的疗愈安排，比如早晨8点起床去溪边吃个早饭，参加一个竹林瑜伽，中午享受完疗愈午餐后，在室内做一个冥想或者桨板瑜伽，睡前可以参加一个催眠颂钵或者绘画体验等。

疗愈旅修通常会结合酒店与民宿的本身特色设计，比如在酒店民宿的小溪旁品茶、在山谷中听钵冥想、在山野小路间绘画等，由于周边的自然景色是独一无二的，这样的疗愈旅修就是无法被抄袭和模仿的。如果酒店民宿周边没有独特的自然景观，则还可以结合当地特色的历史人文设计体验活动，比如疗愈手工艺制作、本地美食烹饪等，毕竟每个地区的历史文化是完全不同的。

许多酒店和民宿主觉得旅修活动不够丰富，其实除了结合自身的疗愈活动、附近的景观和当地人文体验活动外，方圆20千米以内的所有公共资源都可以成为疗愈旅修的一部分。比如在13:00用专车送客人去附近的湿地公园体验鸟语花香并提供美拍服务，17:00接客人回酒店用餐，19:00送客人到集市体验当地文化，21:00送客人回酒店休息。这样的旅修活动充分利用了当地资源，甚至酒店和民宿可以创造属于自己的特色文化，比如讲解品牌的由来，让顾客亲身体验酒店每一处疗愈设计等。通过这一系列的活动，可以打造全中国唯一的疗愈旅修方案。

以上5种方法，是按照难易程度由浅入深地提供酒店与疗愈结合的解决方案，可助力酒店和民宿主在激烈的市场竞争中脱颖而出。

5.3.2 商业地产与疗愈结合的5种方案

据戴德梁行的数据，北京2024年末写字楼的空置率为21%[1]，上海2024年末全市甲级写字楼空置率为22.4%[2]，深圳2024年末写字楼的空置率为29%[3]，广州2024年末甲级写字楼空置率为29%[4]。净吸纳量（新租面积+扩租面积−退租面积）是评估写字楼市场供需情况的重要指标。从最近两年的数据来看，一线城市的写字楼净吸纳量出现下跌。

商业地产不景气、写字楼高空置率，与第三产业尤其是现代服务业的不景气密切相关。随着互联网行业增速放缓，金融监管趋紧，互联网公司和金融企业正在缩减办公空间。许多行业巨头纷纷缩减租赁面积和退租。外资企业的离场也削弱了对写字楼的总体需求。

---

[1] https://baijiahao.baidu.com/s?id=1820766885523740430.
[2] https://baijiahao.baidu.com/s?id=1821313962231351039.
[3] https://baijiahao.baidu.com/s?id=1819494785167562750.
[4] https://www.toutiao.com/article/7361279517841719842/?upstream_biz=doubao&source=m_redirect.

写字楼只是商业地产中的一个缩影，还有许多园区和商场都存在同样的问题。对于存量的商业地产来说，如何提升出租率已经是迫在眉睫的重大问题，许多商业地产之间已经开始"抢客户"了。然而北京、上海、广州和深圳仍有大量甲级写字楼在未来两年入市。在接下来的供应高峰，极可能会进一步加剧写字楼去化的压力。商业地产的市场竞争也将进一步加剧。

商业地产提供的物理空间是有边界的，但基于物理空间提供的内容却是没有边界的。随着商业地产供需关系的逆转，供需双方不再是房东与房客的关系，房东从空间提供者转换为需求服务者，而房客从空间的租赁方转换为需求的提出方。

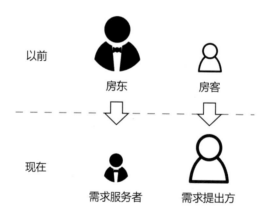

客户的选择比以往更多，要求也在不断提升。他们不再满足于租赁空间本身和基础的物业服务，而是希望通过租赁空间获得更多的商业生态、企业服务、生活服务，乃至企业发展的机会。房东既要关注企业动向，也要关注在这里办公的人的需求，为他们提供更多的软性服务。

此时，疗愈就成了商业地产在竞争格局中获胜的利器。商业地产运营方可以通过以下方法在自己的商业地产中结合疗愈。

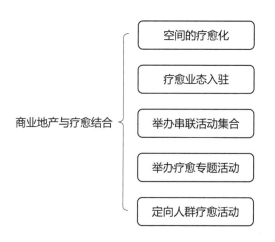

第一个是空间的疗愈化。作为商业地产运营方，最基础的操作就是通过购买相关的疗愈产品来增加空间内的疗愈氛围，比如布置几幅疗愈画作，安装几盏柔和的自然日光灯，在公区播放疗愈的环境音乐，或者是让空间内弥漫着解压的芳香。通过空间的疗愈化，可以让已有客户增加黏性，同时给新客户增加情绪价值。

第二个是疗愈业态入驻。为了能够给客户提供丰富的体验和服务，为客户创造更多附加值，商业地产运营方可以引入更多的疗愈业态，比如疗愈酒店、运动中心、睡眠中心、疗愈活动馆、疗愈SPA等。

第三个是串联活动集合。这里的活动并不是十几个人的疗愈沙龙，而是串联已有业态的活动集合，可以集合疗愈艺术展、疗愈市集、疗愈音乐会和大型疗愈艺术装置等。商业空间内本身就有许多各种业态的公司，但是这些公司没有串联起来形成更好地吸引客户的方式，所以可以结合大型疗愈活动，根据商户的特性，让已有的公司或者客户进行打卡并参与活动。比如带着孩子去婴童服装店打卡，寻找隐藏彩蛋；到美容店打卡，寻找疗愈元素；到餐饮店打卡，寻找疗愈食材等。这样不但可以增加疗愈活动的趣味性，还能增加客户在商业地产的动线长度，提升客户的在店时长，甚至能够带动商户的产品销售。

第四个是疗愈专题活动。商业地产运营方可以将一些新品发布会搬到自己的空间里面。比如引入服装品牌来做活动，并邀请有兴趣的租户来参加；还可以给大家普及服饰搭配知识；也可以定期举办疗愈分享活动，邀请疗愈界有影响力的专家学者开讲座，或者邀请疗愈师来做疗愈沙龙，给商业地产空间提供午间一小时的服务，让商户的员工放松心灵，从而提升办公效率。这些对于入驻企业的员工和管理层都非常有吸引力。

第五个是定向人群疗愈活动。疗愈专题活动是以某个主题来吸引商业地产中感兴趣的人，而定向人群疗愈活动是针对特定的用户。比如组织女性主题疗愈活动，邀请各公司的女性CEO（首席执行官）参加，客户们在活动中产生积极的互动，可以连接到很多宝贵的资源；或者组织母亲主题疗愈活动，邀请各公司的妈妈们参加，交流母婴经验，打破各个公司的交流壁垒。笔者发现许多运营得好的商业地产，都非常重视与疗愈的结合，基本上每周都有各式各样的疗愈活动来增强租户之间的黏性，让不同企业之间产生链接，在业务上碰撞出火花。

商业地产是一个空间载体，基于这个载体，可以发展出无限的内容，而疗愈就是一个非常好的切入口。

酒店民宿和商业地产与疗愈结合的方式有很多，笔者仅列举了一些方便落地实操的方案。除此之外，文化产业、旅游产业、美容产业、古镇产业、餐饮产业和家居产业等都有大量与疗愈结合的方案和成功案例。"所有行业都能用疗愈再做一遍"并不是一句空洞的口号，中国疗愈经济的10万亿元规模还需要我们广大的疗愈从业者一起创造。

5.4 各行业专家对于疗愈经济的洞察

如果只是笔者一个人鼓励所有行业都用疗愈再做一遍，这样难免有些势单力薄、孤掌难鸣。毕竟要推动众多行业在理念、模式等方面融入疗愈元素进行重塑，单靠个人的倡导力量有限，需要汇聚更多从业者、相关领域专家以及有影响力的各方力量共同参与、达成共识，才有可能让这一设想更好地落地实施。所以笔者特意邀请了各行业的专家，发表了他们对于疗愈经济的洞察。

5.4.1 彭文斌[1]：方兴未艾的中国艺术疗愈

艺术疗愈，作为一种结合了艺术与心理学的疏导方法，以其独特的魅力和效果正逐渐成为心理健康领域的一种有效的疗愈方式。它通过艺术创作、艺术审美、艺术体验和艺术感知的多重过程，为个体提供了一个安全、无压力的表达空间，让人们在艺术的海洋中自由航行，探索内心深处的情感和想法。

艺术疗愈能够引导我们进行情感释放。对于那些难以用语言描述的感受，艺术创作提供了一种非言语的表达方式，使得个体可以通过绘画、雕塑、音乐、舞蹈、戏剧等艺术形式释放内心深处的情绪，如

---

[1] 知名艺术策展人、评论家。

愤怒、悲伤或快乐等。这种情感的表达和释放，有助于减轻心理压力，促进心理健康。

艺术疗愈可以引导我们进行自我探索。艺术创作过程鼓励个体自我探索，帮助他们更好地理解自己的情感和行为模式。这种自我认知有助于个体识别和处理心理问题，促进自我成长和发展。

艺术疗愈可以引导我们转移注意力，帮助我们从日常的压力和焦虑中解脱出来。通过艺术活动，个体可以将注意力转移到创造性和审美性活动上，从而减轻心理负担，促进心理健康。

艺术疗愈可以帮助我们进行情绪调节。通过艺术创作和艺术欣赏，个体可以学会更好地调节情绪。例如，通过绘画表达愤怒可以帮助个体理解愤怒的根源，并找到更健康的应对策略。

艺术疗愈可以提升人们的自尊心和自信心。艺术创作与艺术感知可以增强个体的成就感和自我价值感，特别是当其作品被认可和赞赏时。这种正面反馈有助于提升自尊心和自信心。

艺术疗愈可以引导我们创造性地解决问题。艺术创作鼓励创造性思维，帮助个体以新的方式看待问题和挑战。这种创造性解决问题的方式可以减轻因问题困难而产生的焦虑和压力。

从国内疗愈艺术的现状来看，疗愈艺术与心理学、医学、教育学等领域正在紧密联动和融合，逐渐形成跨学科研究和实践的发展路径。这种融合旨在增强疗愈艺术的科学性和有效性。通过与心理学、医学的合作，疗愈艺术将得到更多的科学研究支持，从而验证其疗愈效果。而教育学的介入将促进疗愈艺术专业人才的培养。通过开设相关课程和培训项目，可以培养出既懂艺术又懂心理学和医学的专业人才，提高疗愈艺术实践的专业水平。通过与教育学的结合，疗愈艺术的理念和方法可以被更广泛地传播和普及。在学校、社区、疗愈博览会等场所开展艺术疗愈活动,可以提高公众对心理健康重要性的认识,并教导他们使用艺术作为自我疗愈的工具。同时,疗愈艺术的跨学科发展也将促进国际合作和交流,分享不同文化和地区的成功经验和实践案例,推动疗愈艺术的全球化发展。

艺术疗愈作为一种心理疏导的方法,在社会与人类的需求推动下,将形成一种快速发展和应用的趋势。近年来,随着人们对心理健康的重视程度不断提高,艺术在帮助人们恢复心理健康方面的作用也变得更加清晰。艺术疗愈是一种通过表达性艺术进行心理疗愈的方法,这些表达性艺术包括绘画、音乐、舞蹈、雕塑、摄影、电影、书法、戏剧、诗词等多种形式。艺术疗愈提供了一种非语言的表达和沟通的机会,尤其对于处理心理障碍、情绪和认知问题非常有帮助。研究表明,心理治疗可以分为语言性的和非语言性的。人类的左脑负责语言处理、逻辑与归类,而创伤记忆、童年及情绪记忆都储存在右脑。面对心理障碍,尤其是那些由心理、情绪与认知症结交织而成的心理问题,单纯的语言治疗往往难以触及核心。艺术疗愈属于非语言性的,通过右脑的运作模式连接艺术治疗,具有直达性、表达性等优势。艺术疗愈将在促进自我认知方面发挥重要作用。通过艺术创作的过程,个体可以更深入地了解自己的内心世界,包括情感、想法和行为模式。通过绘画、雕塑、音乐等艺术形式,个体可以探索和表达自己的情绪,从而更好地理解自己的情感状态。它可以触及个体的潜意识,揭示隐藏的情感和想法。例如,一幅画可能会揭示个体内心深处的恐惧或愿望,这些可能是他在日常生活中没有意识到的。因为艺术创作和艺术欣赏都将鼓励个体进行自我反思,思考自己的作品表达的意义,这种反思可以帮助个体识别和理解自己的行为模式，以及这些模式背后的心理动机。从另一个角度来看，艺术主导创造性思维，帮助个体以新的方式看待自己和周围的世界。这种新的视角可以促进自我认知，帮助个体发现新的生活可能性，帮助个体处理和解决内心的冲突和创伤，减轻焦虑、抑郁等心理症状，促进自我成长和发展。

随着人们对心理健康的重视以及跨学科合作的深入，艺术疗愈有望在未来发挥更大的作用。

5.4.2　郑晓博[1]：中国音乐疗愈乐器的行业全景洞察

中国作为音乐疗愈的发源地之一，早在距今3 000～4 000年前就发明并制造出陶笛、编钟等原始乐器，之后发明的古琴、铜锣、磬、鼓等至今仍是现代音乐疗愈的核心乐器。而中国乐器工厂也依靠数千年的技术沉淀，在现代音疗流行的热潮中，模仿生产出手碟、空灵鼓、音阶、音叉、水晶钵等现代音疗乐器，并不断优化创新。如今中国制造的现代音疗乐器已经凭借质量卓越、价格亲民、款式新颖等众多优点，在国际上受到广泛好评，甚至部分乐器的生产规模与品质已经超越了发源地，中国也成为全球现代音疗乐器的核心产区之一。

中国音疗乐器快速发展的背后，也存在质量良莠不齐、老工艺被迫淘汰、创新遇到瓶颈等众多困境。以下将着重分析现阶段中国疗愈乐器行业的情况，并对行业未来发展做出预测。

现代音疗起源时间有各种版本，有的说起源于第二次世界大战，用于治疗伤员的精神疾病，有的说起源于音乐学院，但基本认为是在

---

[1] 南致山野集团疗愈板块总经理。

1950年左右。而中国早在2 000多年前就认知到音乐具有疗愈功效，制造了古琴、陶笛等乐器。最近20年，以颂钵为核心的新型音疗乐器和音疗模式传入中国，让中国人感受到现代音疗的魅力。中国疗愈师发掘了一些中国传统乐器的疗愈功能，比如古琴、箫、笛等，将其认定为音疗乐器，并且影响了国际音疗行业认知，输出了中华优秀文化。

音疗乐器以有疗愈效果为核心定位，而非一定要作为主要乐器演奏，比如能发出雨声的雨棍、能发出流水声的溪水鼓，都不可以用于演奏乐曲，却是极受欢迎的音疗乐器。因此从是否能演奏乐曲这个维度，可以将音疗乐器分为节奏音疗乐器和旋律音疗乐器。没有任何音乐基础的普通人，都是先接触节奏音疗乐器，感受音乐疗愈的功效，进而升级到旋律音疗乐器。

从乐器创新的角度，可以将音疗乐器分为创新音疗乐器和传统音疗乐器。创新音疗乐器有手碟、空灵鼓、水晶钵、雨棍和果壳铃等，传统音疗乐器有古琴、铜锣、磬和鼓等。还可以从产地将音疗乐器分为国产的和进口，从材质分为金石、木质，从生产工艺分为工业制造、手工制造。

中国音疗乐器行业近几年呈井喷式发展，虽然缺少专业权威的市场调研数据，但通过行业内厂家调查便可得知大概情况。以销量最大的颂钵为例，2024年国内销量第一的商家销售额已经破亿元，由此可估算全中国颂钵年销售额已经达到10亿元的规模，且这仅仅是颂钵的销售额，不包含颂钵疗愈活动和颂钵培训课程等服务类产品的市场规模；常见的手碟，国内的销售量和出口量都同比扩大数十倍，体量预估也在10亿元的规模；以出口为主的铜锣、水晶钵等，由于单价高昂，预计两者销售额超过3亿元；其他体量小的疗愈乐器如海浪鼓、溪水鼓、萨满鼓等和单价低的疗愈乐器如果壳铃、雨棍等，整体年销售额预估不超过1亿元。

综上所述，中国音疗乐器行业整体市场规模超过25亿元，且一直处于快速发展阶段；尤其小众的音疗乐器，预计还有上升数十倍甚至百倍的空间。预测2025年中国音疗乐器行业整体市场规模将达到40亿元。

中国音疗乐器供应商可以分为传统乐器厂、转行工厂、新设乐器厂、纯进口供应商和半进口供应商。

传统乐器厂指的是本身就从事乐器生产的工厂，它们新增音疗乐器的生产，如生产锣的乐器厂新增颂钵、丁夏等金属铸造乐器生产，生产鼓的乐器厂新增海浪鼓、溪水鼓等鼓类乐器生产。但因为这类乐器在国外也有较长的生产历史，国内厂商在品质上还未做到完全超越，消费者普遍认为这类乐器进口是优于国产的。

转行工厂指的是本身不生产乐器的其他行业的工厂，它们新增音疗乐器的生产线，如水晶玻璃厂开发生产水晶钵乐器，不锈钢厂开发生产音束、音叉等乐器。这类工厂之前均有大规模生产经验，转向生产音疗乐器可谓手到擒来，瞬间就代替了进口乐器，并大量出口，占领全球市场。

新设乐器厂是新开设的工厂，因为传统乐器厂和转行工厂无法生产一些创新音疗乐器，如手碟和空灵鼓一般是音乐人或工匠从国外学习生产工艺，然后回国设厂生产。这些新设乐器厂规模逐渐扩大，现在无论是产品质量还是成本控制都已超越国外，成为全球顶尖厂商。

纯进口供应商是指一些音疗乐器完全依赖进口。如果壳铃、雨棍、萨满鼓等，原料仅在国外出产，或国外人工费用低廉，导致这些乐器无法转至国内生产，只能依靠进口。卡杜斯就是纯进口供应商，通过全资收购国外工厂，快速研发新产品，成为进口供应商行业的标杆企业。

半进口供应商指的是进口音疗乐器的同时也在国内生产的供应商。如音疗乐器中体量最大的颂钵，其原产地为尼泊尔，当地凭借生产历史悠久、款式多达万款、人工费用低廉、产品用料正宗等优势，稳定占据全球市场。中国生产的颂钵大多是工业机械批量生产的机器钵，只能抢占机器钵的部分市场，而纯手工打造的高端颂钵，其98%市场还是被尼泊尔牢牢掌握，并且在短时间内无撼动的迹象。

从供应商角度来分析，可以发现用现代化工业机器生产、含少量手工技术的乐器，中国凭借强大的制造业已经全部完成国产化，并且赶超原产地，占领全球市场，其代表乐器有手碟、空灵鼓、水晶钵、铜锣等金属玻璃乐器；而多用国外原料、含大量手工技术的乐器，中国暂时无法模仿替代，还是依靠进口，其代表乐器有颂钵、果壳铃、雨棍、萨满鼓等。

根据卡杜斯的调查数据，中国音疗乐器厂家现在的经营情况良好，其原因是国内市场规模扩大和出口需求上升的双重利好，使得厂家业务订单充沛，甚至一些产品出现供不应求的情况。厂家利润充足，愿意投资到新品研发和品牌营销上，因此形成了正向循环。与此同时，中国作为充分竞争的市场，一些大体量乐器如手碟行业已经有多个强大的厂商进入，行业开始出现竞争和洗牌，势必淘汰一些规模较小的厂家，预计在3年左右将达到激烈竞争的局面。

除了音疗乐器的供应商，中国音疗乐器的销售商也是疗愈经济中不可或缺的重要组成部分。中国音疗乐器的销售商可以分为直销厂家、品牌经销商和贴牌商。

直销厂家是指音疗乐器厂创建了自主品牌，在广招经销商的同时也在做直销，从而扩大销量、提高品牌知名度。

品牌经销商指的是成为音疗乐器供应商的经销商，通过电商、私域和线下进行销售。

贴牌商指的是从厂家订购产品后，将自己的品牌标识贴附于该产品上的商业主体。比如某些疗愈师或者商家在销售品牌乐器时，发现标准化的产品面临着价格透明、利润不足、用户黏性不强等问题，所以他们会创建自己的品牌，寻求厂家贴牌代工。

从经销商的情况来说，音疗乐器品牌均为新兴品牌，在国内尚未有一个品牌形成绝对优势。国内许多品牌为了扩大利润，以贴牌代工为主，缺乏生产竞争力。加上缺少专业的品牌运营能力和资金与人才的投入，很难形成知名品牌。音疗乐器厂家只有具有品牌思维，愿意投入资源塑造品牌，才有可能成为音疗全产业链的头部品牌。

基于对疗愈行业的洞察，卡杜斯作为音疗行业的头部厂商，计划在未来3年投入1亿元深耕疗愈板块，在产品研发、产品生产、品牌定位、产品定位、全面运营和创造市场6个维度，运用高端技术运营音疗产品链，从而引领整个音疗行业，振兴疗愈经济。

5.4.3 郑凯宸[1]：全新的烟熏疗愈模式

烟熏疗愈全名为植物烟熏疗愈，起源于3 000年前的北美印第安人在居所中点燃白鼠尾草驱赶蛇虫鼠蚁，消灭细菌病毒。烟熏疗愈后，印第安人的患病率大幅降低。

鼠尾草属植物是常用的烟熏疗愈植物，其拉丁学名 *Salvia*，来源于拉丁单词Salveo，意思是"治愈"和"挽救"，而鼠尾草的英文名sage，就是圣人的意思。鼠尾草的烟雾能平静情绪、缓解焦虑、安神助眠，让人心情愉悦。于是印第安人相信白鼠尾草是神灵赠予他们的圣物，能消除负能量、驱散邪灵、净化居所、保护居民。

20世纪60年代，美国疗愈界专家关注到白鼠尾草烟熏仪式，经科学研究确定其有疗愈功能，于是将白鼠尾草烟熏仪式进行优化：去除驱魔、祈祷等操作，加入冥想、放空、音疗等疗愈方法，优化整体流程形成全新的疗愈模式，取名为Smudging，中文翻译为神圣植物烟熏疗愈，简称植物熏疗。

截至2024年底，全球范围内已有100多个国家引入了植物熏疗文化。数据显示，全球熏疗产品的年使用量超过30亿份，其中北美洲是最大的市场，美国一年的使用量高达12亿份，加拿大和墨西哥的使用量约为5亿份；欧洲各国和澳大利亚的总使用量达到7亿份；中国、日本、印度、俄罗斯等国家的年使用量约为4亿份；而非洲、南美洲的使用量较小，只有埃及、南非、巴西等国家有小规模的使用。

1　金圣草公司总经理。

人们一般把白鼠尾草晒干后捆成熏疗杖点燃。作为烟熏疗愈植物，其会产生丝带状白烟，香气醇厚悠远，能让使用者缓解压力、平静情绪、消除负能量、缓解焦虑、抵抗抑郁等。

经科学实验分析，白鼠尾草主要成分是桉叶素（1,8-桉叶素）和萜类化合物（单萜、二萜、α-淀粉酮、齐墩果酸、熊果酸），还有少量黄酮类（黄酮醇、黄酮糖苷、罗斯马林酸、奎宁酸）、酚酸、α-蒎烯、莰烯、β-蒎烯、二戊烯、莰醇等成分。

白鼠尾草含有的成分对人体生理层面具有抗氧化、抗菌的作用，对心理层面具有镇静、抗抑郁、抗焦虑的作用，还能提高学习力和记忆力，防止阿尔茨海默病（老年痴呆）的发展。

（1）抗氧化：白鼠尾草提取物具有强大的抗氧化作用，可以清除我们体内的自由基，提高细胞活性，延缓衰老，恢复年轻态。

（2）抗菌作用：白鼠尾草含有的桉叶素具有强大的抗炎、抗菌能力。实验证明，在家里点燃白鼠尾草，空气中的细菌含量在1小时内能降低94%，有效减少人体细菌感染和过敏反应。

（3）镇静作用：白鼠尾草含有的萜类化合物，对人体的CB1、CB2受体和μ-阿片受体有适度的活性，这会产生镇静作用，帮助人们舒缓情绪，平复心情，提高专注力，有效治疗烦躁易怒、失眠等症状。

（4）抗抑郁和抗焦虑：白鼠尾草烟雾中的化学成分能提升大脑中胆碱信号，消除失落情绪，促使人更积极乐观；还能促进身体释放血清素和多巴胺这类神经递质，帮助缓解焦虑、减少压力。而且白鼠尾草的熏疗仪式，能帮助人进入冥想状态，集中注意力，减少杂念，获得心灵上的宁静和平安。

（5）提高学习力和记忆力：白鼠尾草中含有丰富的BDNF（brain-derived neurotrophic factor，脑源性神经营养因子），能帮助神经元存活，促进新神经元和突触的生长，并提高学习和记忆能力。

（6）减缓阿尔茨海默病的发展：有研究指出白鼠尾草能抑制 Ab 沉积（Ab 的积累被认为是导致认知功能下降的原因之一），可能提升大脑有益酶的活性，从而保护神经系统，减缓记忆衰退。长期使用白鼠尾草熏疗能明显改善记忆力，预防患上阿尔海默病（老年痴呆）。

白鼠尾草的身心疗愈效果显著，而应用场景已被多个国家融入当地文化。中国已有十多种运用场景。比如在音疗、冥想等心灵疗愈时，白鼠尾草能作为搭配产品附加镇静安神的疗愈效果；在进行瑜伽、舞蹈、健身等缓慢的室内运动时，烟熏疗愈可以添加自然香味，更有消毒灭菌、镇静舒缓的作用，帮助人们进入运动状态；在阅读、交流、品茶等学习探索时，点燃白鼠尾草能创造安静、舒适的环境，帮助人们缓解压力，提高注意力和记忆力，增强学习效率；在睡觉前点燃白鼠尾草，让烟雾少量弥漫在卧室中，能缓解压力、安神助眠、消除梦魇；在家庭使用时，白鼠尾草可以替代普通香薰，从而去除宠物味道、驱蚊虫、驱除烟味、鞋柜去味等，更有消毒灭菌的作用；在美容、按摩、足疗等店铺内，白鼠尾草能塑造店铺形象，舒缓客户情绪，更具有消毒灭菌、抗氧化延缓衰老的作用；在新型艾灸理疗时，白鼠尾草在温经散寒、行气通络的基础上，增加除负固正、安神消愁等功效；在心理治疗辅助方面，白鼠尾草熏疗作为辅助治疗方法，可以帮助患者放松身心，缓解焦虑，提升心理健康水平。

白鼠尾草约在 2002 年传入中国香港，广泛应用于疗愈、香薰、养生等多个领域，全港约有 500 家水晶店、家居店销售白鼠尾草等各类植物熏疗产品；来港游玩的年轻游客会将其作为文创特产大量购买，并分享至小红书、微博等社交媒体，促使植物熏疗文化向中国内地传播。据2023年的统计数据，750万香港人年使用熏疗杖约300万根，其使用率为每年0.4根/人，是全亚洲使用率最高的城市，可达到美国使用量（每年3根/人/年）的14%。

白鼠尾草凭借自身的功效，在中国广受消费者喜爱，尤其是当今年轻人生活压力巨大，常有针对抑郁、焦虑、烦躁的疗愈需求，通过植物熏疗能缓解焦虑、平复情绪、抚慰心灵。近年来植物熏疗与音疗等心灵疗愈文化在中国发展迅速，截至2024年，中国内地熏疗杖年使用量超过200万根，并以每年130%的速度增长。

同时，中国凭借强大的工艺品生产能力，进口白鼠尾草原料来生产线香、塔香、熏香蜡烛、精油、喷雾纯露深加工产品，再出口到美国、欧洲等。但在使用方面，现在中国内地使用率仅为每年0.000 7根/人，是中国香港的1/570，是美国的1/4 200，市场前景极其广阔。如果中国内地在10年内达到香港体量，则年使用量将达到6亿根，即180亿元的市场规模。海量市场需要更多的商家加入熏疗行业，共同推动行业快速发展，帮助疗愈市场腾飞。

5.4.4　文旅行业如何看待疗愈

2018年3月17日，十三届全国人大一次会议表决通过了国务院机构改革方案，批准文化部、国家旅游局合并为文化和旅游部。[1]相关专家也表示，文化和旅游部的组建，不仅会更好地满足民众对幸福感的追求，还将更好地统筹文化事业、文化产业发展和旅游资源开发，为

1　http://bwg.dlu.edu.cn/info/1011/1206.htm。

经济发展助力。

疗愈作为文旅产业里一颗冉冉升起的新星，被许多大型文旅集团视为差异化发展的利器。比如笔者在与复星旅文合伙人、复星旅文集团总裁助理、度假资产管理中心高级副总裁阮淼鑫聊天时，就问他为什么决定将丽江地中海国际度假区打上"疗愈"的标签。阮淼鑫说道："我们可以从两个维度来解读。一是丽江地中海国际度假区拥有的美丽自然环境，拥有天然的疗愈目的地基因。度假区本身位于玉龙雪山脚下，紧靠国家5A级风景区，山林湖野等自然资源得天独厚，风景秀丽，同时拥有宜人的气候条件，宜居宜养。在纳西族文化中，玉龙雪山被视为神灵的居所，其高耸入云的雄姿和洁白如玉的雪峰，给人以心灵的震撼和精神的启迪，是人们心中的信仰寄托，靠近雪山、仰望

雪山并疗愈自身，是既质朴又美好的愿望。二是从度假区产品及运营角度来说，我们客人的需求有了新的变化。从2019年起，疗愈式度假成为一种全新的旅居度假模式。度假区的客人多为一线城市的中高产人士，他们在日常的繁忙生活中积累了许多需要释放的情绪，需要通过旅行度假这种方式重新建立起与自然的连接、与家人的连接、与自我的连接。这让他们非常重视目的地环境与疗愈养心的条件。所以度假区基于客户需求的市场变化，致力于打造雪山下的疗愈目的地。而来到这里的客人也会倾心于秀丽的雪山生态、独特的自然体验及优质的疗愈服务。"

笔者再次追问："在丽江地中海国际度假区这个项目上，你们在哪些方面做了疗愈的内容？"

阮淼鑫回复道："为让客户更舒适、更全面地体验疗愈内容，我们在丽江地中海·棠岸度假酒店专门设置了15间疗愈合院，围绕身心感知系统，从视、嗅、味、听、触、直六感，为客户全方位打造沉浸式的疗愈体验。例如，在嗅觉与听觉方面，客人从入住开始，就可以通过闻香挑选自己喜爱的香味，入住时管家会提前点上客人挑选的香氛，弥散于房内。客人在入住时还可以参加听钵吟诵仪式，让他们能安然放松，自然地转换到度假状态。在味觉与养生方面，我们专门设置了清、修、补的疗愈食谱，精选当季新鲜食材，用温和的烹饪方式，食养身体。这既是健康享受，也是味蕾享受。此外，我们还配有专业的疗愈师，在假期里为客户提供一天两次的疗愈课程，带领客人通过音疗、水疗、香疗等专业课程，感受雪山下的自然能量疗愈场，放松身心，怡养自我。种种服务，都能够让客人获得一站式疗愈度假体验，唤醒美好自我。"

复星作为文旅行业的上市公司,能够在旗下的标杆项目中突出疗愈的主题,可见其对于疗愈的认可。除此之外,屡获国内外大奖的墅家品牌,也对疗愈非常重视。墅家作为一个有12年历史的人文度假品牌,致力于为社会精英打造能让身心健康快乐的生活方式平台,专注于给客户提供极致而富有个性的在地化体验。自从接触疗愈之后,墅家就决定紧扣"度假+疗愈"的核心,推广自然疗愈主题理念,打造疗愈度假村,通过提供特色的疗愈产品和服务体验,引领人们回归自然怀抱,于山水间寻得内心宁静,满足人们对身心健康和疗愈度假的全方位需求。

笔者在与墅家副总裁肖悦聊天时,就问他为什么会想到结合疗愈,他回答道:"这个问题,要从5个方面来回答。第一,现代社会中,人们面临着巨大的压力和焦虑,生活节奏快,人际关系复杂等问题,需要一个能让身心得到深度放松和舒缓的空间,疗愈度假村或目的地为他们提供了理想的选择。第二,随着对健康的重视程度不断提高,人们不仅关注身体健康,也更加注重心理健康和精神愉悦。疗愈度假产品迎合了这一需求,提供了诸如冥想、瑜伽、自然疗法等多种健康养生活动。第三,墅家以'超越需求与期待,以疗愈为核心,提供美好的精神庇护'为品牌使命,以'质朴自然打造归心疗愈'为品牌价值观,做疗愈度假村或目的地是践行品牌理念的具体举措,有助于提升品牌形象和知名度。第四,在旅游市场竞争日益激烈的情况下,疗愈度假村或目的地是一种差异化的产品定位。与传统的旅游产品相比,它更注重游客的内心体验和精神需求,能够吸引那些追求独特体验、注重身心健康的游客群体,从而在市场中脱颖而出。第五,墅家的项目选址非常适合打造疗愈度假村或目的地,其拥有得天独厚的自然和人文资源,如玉龙雪山脚下的丽江雪嵩院、万亩湿地公园里的苏州同里社,以及有丰富人文和自然底蕴的怒江罗古箐等。墅家可以充分利用这些资源,为游客提供与自然亲近、感受文化魅力的机会,实现自然与人文的有机结合,达到疗愈身心的效果。"

云南·丽江——雪山自然疗愈　云南·香格里拉——藏地人文疗愈　江西·上饶·三清山——全自然度假疗愈　江苏·苏州·同里——身心疗愈基地　云南·怒江·兰坪——山野徒步疗愈

笔者对于墅家能够全面发展"度假+疗愈"而感到欣慰,并问了肖悦在将来如何打造疗愈产品。肖悦回答道:"墅家已成立'花一天'疗愈事业部,它在墅家度假体系里承担着核心内容运营的关键职责。'花一天'这一独具匠心的品牌,乃是墅家为疗愈事业量身定制的,致力于成为健康生活方式的引领者。其核心理念在于让客人将疗愈融入日常,即使并无住宿度假安排,也能够专门抽出一天的宝贵时光,全身心沉浸于疗愈休养的美妙情境之中,尽情享受身心舒缓与精神滋养的惬意体验,并且会从以下4个方面打造疗愈产品。

"一是自然疗愈。墅家所打造的度假项目,均依托周边的自然风光,针对不同人群的疗愈需求,开发多种与自然结合的疗愈产品与疗愈体验,如徒步、骑行、露营等户外活动,让人们在大自然中放松身心,感受自然的疗愈力量。

"二是文化疗愈。结合当地的历史文化和传统习俗,推出文化疗愈产品，如书法茶艺、非遗手作、习俗体验等，让人们在文化体验中寻求心灵的慰藉和平衡。

"三是健康疗愈。提供健康管理和健康咨询服务，如定制化的健康饮食、运动计划、心理咨询服务等，帮助人们实现身心健康和内在平衡。

"四是科技疗愈。运用现代科技手段，如虚拟现实、人工智能等，开发科技疗愈产品，如VR冥想、智能健康监测等，为人们带来全新的疗愈体验。"

复星旅文集团和墅家只是文旅行业中的两个缩影，其作为先行者，对于"疗愈"的肯定给疗愈行业增加了丰富的实际应用案例，也给许多文旅项目指明了未来的发展方向。

6

疗愈经济可持续发展的方向

6.1 愈到集团为疗愈行业可持续发展奋斗

6.2 构筑中国疗愈目的地平台

6.3 中国疗愈人才库建设

6.4 每个城市都有一片疗愈市场

6.1 愈到集团为疗愈行业可持续发展奋斗

"你们愈到集团是一家展会公司吗?"这是在一次采访中,记者问笔者的一个问题。这是许多人的疑问,笔者的答案是"博览会只是开始,它是快速打开疗愈市场、提升疗愈产业链维度、扩大疗愈生态从业人员数量、促进疗愈经济发展的最佳方式"。

在表面上,愈到集团曾经做过的大事件,除了2023年的四届疗愈博览会之外,就是被业界熟知的全球疗愈峰会、第一届疗愈博览会和第二届疗愈博览会,这很容易让人误解愈到集团就是一个展会公司。但展会公司只是愈到集团旗下的一个公司而已,愈到集团旗下还有供应链公司、心理咨询有限公司、科技公司、研究院等。举办全球疗愈峰会是用国内外的专家和学者来拉高疗愈产业从业者的认知;举办疗愈博览会是在长三角和粤港澳大湾区这两个中国经济的心脏地带向全国共享疗愈产业链。这些大事件的终极目的都是要推动疗愈需求向疗愈产业链升级,最终形成有规模的疗愈经济。

许多观众会问:"愈到怎么不做疗愈节了呀?"

其实疗愈博览会就是一个巨无霸版的疗愈节。愈到举办的疗愈节由四个部分组成——疗愈工作坊、疗愈艺术展、疗愈集市和疗愈音乐会,而博览会也有这四个部分,只不过扩大了疗愈工作坊和疗愈艺术展的规模，把疗愈集市升级成了各种展位，把疗愈音乐会升级成了疗愈表演，然后增加专家发言、大咖论坛、新品发布会、打卡领礼品和《疗愈经济》签售等环节。

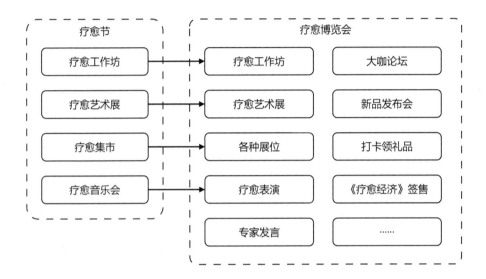

既然疗愈博览会是巨无霸版的疗愈节，愈到集团就没必要再举办较为迷你的疗愈节。其中还有一个深层的原因鲜为人知，那就是愈到集团从2024年伊始，就决定为疗愈行业奋斗——让疗愈行业可持续发展。

疗愈是什么？有人说是塔罗，有人说是算命，有人说是禅修，有人说是割韭菜[1]的课程，有人说就是敲个钵，还有人说就是心理治疗，在官方没有界定疗愈的边界前，没有人能对它下一个斩钉截铁的定义。但是以上这些片面的定义会让受众对"疗愈"这个词产生反感，那从

---

[1] "割韭菜"是中国网络语言中一个常用的比喻，意思是指在一件事情中，其中一方利用自己的优势或掌握的资源，对另一方进行反复的剥削或利用，从而使得另一方在经济或心理上不断遭受损失。

事疗愈行业的从业者将会失去客户。笔者是把宗教、灵性、灵媒、玄学、塔罗、阿卡西及违反国家公序良俗的内容从疗愈中剥离的。笔者并不是否认以上这些内容的疗愈效果，而是为了能够让疗愈事业可持续发展，才做出了如此举措。

愈到集团通过全球疗愈峰会、疗愈博览会的方式，把疗愈拉到了产业链的高度，把各种疗愈检测、改善跟踪的仪器和服务融入疗愈解决方案中，把能够实现疗愈功能的各种精油、食物、服饰、乐器等纳入进来，并且让这些产品和服务可以落地各个酒店、度假区、文旅景区、园区、办公楼、美业店等空间，这有利于整个疗愈行业的发展，让从事疗愈行业的从业者能够获得更多的经济效益。

提到心理咨询，没有多少中国人是可以接受的，去看心理医生，总感觉自己有病。愈到集团则致力于不断降低用户疗愈的门槛——参加个疗愈沙龙、买个疗愈产品、逛个疗愈画展就可以获得身心的放松和压力的缓解，不用去看心理医生就能让自己恢复正常，这才是大众喜闻乐见的疗愈方式。

为了让疗愈行业可持续发展，愈到还在不断寻找有公信力的组织为疗愈行业背书。

2024年1月，愈到集团举办全球疗愈峰会，邀请国内外各高校教授及行业专家出席分享。

2024年3月，笔者作为愈到集团的董事长兼CEO，受邀出席了第七届度假主题高峰论坛。

同月，笔者受邀在2024文旅内容＋流量赋能论坛上做"疗愈＋文旅＝破'卷'之道"的主题分享。

2024年5月，愈到集团经过各主管部门审批，举办第一届疗愈博

览会。

2024年6月,愈到集团受邀前往云南省玉溪市考察,陪同考察的人员有玉溪市文化和旅游局局长梁玉浩、玉溪市文化和旅游局调研员王洪卫、玉溪市文化和旅游局产业发展科杨庆科。

在考察结束后,云南省玉溪市文旅局局长梁玉浩、云南玉溪交通运输集团总经理张莉蓉、玉溪城投集团总经理陈辉、玉溪旅健集团董事长丁志成等一行人参与座谈。

6 疗愈经济可持续发展的方向 229

2024年10月，虹桥公园举办了2024虹桥草地音乐节，由上海市长宁区文化和旅游管理事务中心、愈到集团、上海服装集团以及上海广播电视台共同为市民们打造了一场音乐疗愈盛宴。

同月，在上海市长宁区文化和旅游管理事务中心的牵头下，愈到集团和东虹桥中心牵手，共同举办了外环生态绿道疗愈音乐会。

2024年11月，愈到集团经过各主管部门审批，举办第二届疗愈博览会。

在第一届疗愈博览会和第二届疗愈博览会上，有上海新闻综合频道、第一财经频道、上海生活时尚频道、星空卫视频道、广东新闻频道、广东经济科教频道和深圳财经频道7家官方电视台进行了专题报道。

2024年12月，愈到集团整合现有专家，推出"智库专家"名录，

将中央美术学院教授、中国心理学会专家、上海戏剧学院教授、复旦大学心理研究中心教授、浙江大学心理学行为科学系专家、上海音乐学院教授、上海电影学院教授、天津美术学院教授等作为愈到的疗愈专家,作为疗愈行业发展的专业力量和智囊团。

同月,愈到集团推出战略伙伴名录,将与愈到集团有战略合作关系的各上市公司、独角兽企业、行业协会和国资委投资机构目录公布在愈到集团的平台中,告诉所有的疗愈从业者,疗愈已经被各大机构认可。

不管是举办高规格的全球疗愈峰会,在行业论坛上发言,举办正规的疗愈博览会,进行全国文旅项目考察,与政府部门、国企合作,还是获得电视台的报道、整合专业智库专家、寻找各大机构作为战略合作伙伴,愈到集团都是在为疗愈行业找背书,让疗愈被更多的官方组织认可。

除此之外，愈到集团还致力于身体力行地帮助疗愈行业打开市场、教育市场。2024年12月，愈到集团旗下愈到研究院发布《2024年度疗愈经济用户报告》，将愈到集团在疗愈行业中的调研数据和分析研判公之于众，供企业和用户免费下载。笔者也承诺会于每年年底公布当年的最新数据。

截至2024年底，笔者共录制近100个疗愈商业指导视频，播放量超过100万次。需要特别指出的是，虽然100万次的播放量对于现在动辄千万播放量的短视频来说并不多，但是这100个短视频并不是给广大疗愈用户看的，而是给疗愈从业者的一些商业指导和建议。虽然播放量不高，但是其威力巨大，笔者在疗愈博览会上做新书签售时，至少有20人慕名而来，他们每集短视频都会看，每集都会认真地记笔记。我的指导视频真的帮助他们这样的疗愈外行人厘清了思路，使他们变成了疗愈从业者。

笔者在2024年初写了《疗愈经济》，在2024年底写了《疗愈经济2》，该系列图书介绍了疗愈行业每年的最新案例和最佳实践，是疗愈爱好者的学习指南，可以指导疗愈经济全景图中的各个角色，夯实和拓展疗愈产业链，进一步形成疗愈经济。笔者也希望每年都会有一本新的《疗愈经济》出版。

愈到集团通过举办全球疗愈峰会、在行业论坛发言、举办疗愈博览会、考察全国文旅项目、与政府部门合作、与国有企业合作、获得官方电视台报道、汇聚专业智库专家、寻找大型机构做战略伙伴、每年发布疗愈经济用户报告、录制疗愈商业指导视频和每年出版一本《疗愈经济》这12项内容，为疗愈行业的可持续发展奋斗。

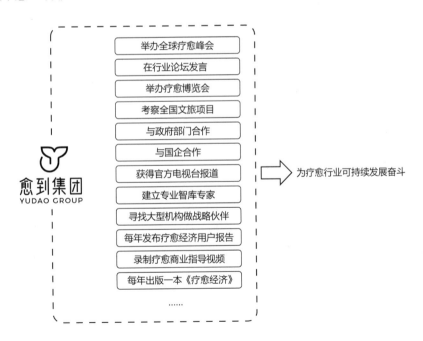

这也是笔者创办的愈到集团的使命：引领疗愈产业链，推动疗愈经济发展。

6.2 构筑中国疗愈目的地平台

在全球疗愈峰会和两届疗愈博览会上，笔者的两句话时常被人引用：一句是"所有行业都能用疗愈再做一遍"；另一句是"所有的空间都需要疗愈"。这两句话阐述了疗愈可以成为每个业态融合的元素，大到一个占地上千亩的疗愈度假区，小到一个十几平方米的茶室，都可以通过结合疗愈大放异彩。这些以疗愈为主题的空间，笔者把它们称为疗愈目的地。

疗愈目的地是指一个特定的空间，这个地方能够为人们提供有助于身心疗愈的环境、活动和服务。它就像一个避风港，人们来到这里，可以从日常的压力、疲劳或创伤中恢复过来，清理淤堵，让自己的心灵状态更有力。

每当笔者提到疗愈目的地，许多人第一个反应就是疗愈酒店，毕竟疗愈酒店的概念已经被许多人接受。一些人出游，也会选择疗愈酒店作为自己的目的地。但是能够清理淤堵、让自己的心灵状态更有力的空间，又何止酒店一种呢？笔者一共整理了14大类44个小类，如下表所示。

序号	大类	小类
1	酒旅类	酒店/民宿/度假村等
2	景区类	景区/度假区/公园等

（续表）

序号	大类	小类
3	田园类	乡村/营地等
4	美业类	美容馆/医美馆等
5	养生类	SPA馆/按摩馆/桑拿馆/温泉馆等
6	商场类	商场/购物中心/商业街等
7	园区类	写字楼/创意园区/产业园区等
8	餐饮类	餐馆/咖啡馆/茶室等
9	疗愈馆类	疗愈空间/工作室/体验馆等
10	健身类	健身房/运动馆/瑜伽馆/普拉提馆等
11	店铺类	书店/集合店/文创店/家居店等
12	游乐类	儿童乐园/亲子中心/游乐场等
13	展馆类	美术馆/博物馆/图书馆/艺术宫/文化馆等
14	剧院类	剧院/电影院等

正是因为疗愈目的地丰富多样，才能给人们提供不同的心灵避风港，让身心得到疗愈。如果工作太累了，就可以请个假去某个疗愈酒店或者度假区放松一下；周末如果想疗愈了，就可以去附近的营地露营看星星；如果上了一天班疲惫了，就可以去美容馆或者SPA馆享受一番；如果和爱人吵架了，就可以去商场里疯狂购物一番；如果一个人无聊了，就可以去创意园区里打个卡或去疗愈餐馆里品尝一顿美味的下午茶；如果心里淤堵了，就可以去疗愈工作室做个冥想或是去普拉提馆预约个私教课程；如果闲来无事，就可以去文创店淘一些疗愈的小玩物；如果有孩子，就可以一家人周末去亲子中心疗愈一番；如果想给

自己不一样的周末，也可以去疗愈文化馆或者剧院治愈一下。

人们对疗愈目的地有着巨大的需求，而且疗愈目的地作为空间方，可以盘活疗愈经济全景图中的其他角色。它可以为疗愈提供方提供场所，供疗愈师们开设沙龙或者旅修；可以为周边厂商提供展示产品和获取采购订单的空间；可以为群体用户和个体用户直接提供疗愈服务和疗愈产品；也是疗愈服务方在服务各个角色时的重要载体。

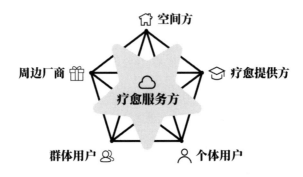

可在实际推广过程中，存在着诸多的困难。常见的酒旅类、景区类和田园类等目的地，大多被OTA平台[1]制约，需要缴纳高昂的提成费用和推广费用；美业类、养生类、商场类、园区类、餐饮类和健身类等目的地，被许多综合性生活服务平台制约，需要缴纳高昂的入驻费用。除此之外，以上14大类44个小类中的每个目的地，在通过传统渠道推广时，都存在3个痛点：疗愈主题模糊、缺乏聚集效应和没有精准引流。

首先是疗愈主题模糊。以酒店为例，在OTA平台上的图文介绍都是自行上传，没有突出疗愈主题的样式模板，酒店也不知道如何突出

---

[1] OTA是online travel agency的缩写，指的是在线旅游服务平台。

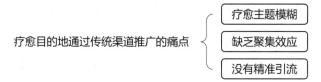

自己的疗愈主题。

其次是缺乏聚集效应。以美业馆为例，其大多通过综合性生活服务平台推广，但是这些平台上没有"疗愈"相关的主题标签，疗愈型美业馆这类目的地就被淹没在无数个美业馆的信息中。

最后是没有精准引流。以疗愈馆类为例，其希望获取的是对身心健康有追求的中高端精英人士，但是传统平台无法精准地引流和推送，导致大部分用户都只是过客，未能完成实际消费，转化率很低。

正是看到了众多疗愈目的地在推广过程中存在的痛点，笔者在第二届博览会上首次发布了解决以上3个痛点的"愈到·疗愈目的地"计划。

首先，针对疗愈主题模糊这个痛点，笔者集结了14个大类里的专家、从业多年的行业前辈和用户，为每个类别的目的地提供突出疗愈主题的模板。以疗愈酒旅为例，所有疗愈酒旅可以按照以下规则梳理自己目的地的疗愈主题。

疗愈酒旅 = 疗愈景观 + 在地文化 + 疗愈设计 + 疗愈活动 + 疗愈音乐 + 疗愈芳香 + 疗愈美食 + 疗愈运动 + 疗愈助眠 + 疗愈科技 + 周边景点 + ……

其次，针对缺乏聚集效应这个痛点，愈到平台中增设了"目的地"板块，所有符合规则的疗愈目的地都可以通过图片、文字和视频的方式在愈到平台上架，在这个板块中的所有目的地都是疗愈主题的，具有强大的聚集效应。

最后，针对"没有精准引流"这个痛点，愈到平台本身就承接着国内外数十万疗愈爱好者，曝光量巨大，再加上每一届的疗愈博览会的广告效应、每年《疗愈经济》系列书籍的推广、愈到集团在承接各种项目时进行推荐，可以为每一个上架愈到平台的疗愈目的地提供精准的疗愈人群引流。

愈到平台的"目的地"功能，可以让所有疗愈目的地的疗愈主题清晰，有聚集效应，并且实现大量的精准疗愈人群引流。每个疗愈目的地上架的费用是多少呢？完全免费。

当笔者在第二届疗愈博览会上公布上架免费时，台下响起了雷鸣般的掌声，甚至近400名观众自发地全体起立，许多人叫喊着"好、好、好"。

"目的地"的功能强大，其研发和维护成本很高，但笔者还是坚持免费开放给所有国内外疗愈目的地的做法，就是为了实现愈到集团的使命——引领疗愈产业链，推动疗愈经济发展。

6.3　中国疗愈人才库建设

前文提到，根据笔者的推算，中国的疗愈经济市场规模为10万亿元人民币。这10万亿元人民币的数字是由中国文化产业、旅游产业、酒店产业、美容产业、商业地产、古镇产业、餐饮产业和家居产业的年度经济规模按10%折算而来的。

除了以上产业，笔者相信所有行业都能用疗愈再做一遍。在这宏大的愿景下，愈到集团不断地带领中国疗愈行业向前奔跑，但是越跑越累，原因并非疗愈行业需求不足，而是疗愈行业缺乏人才，制约了疗愈行业的蓬勃发展。

"缺乏人才"是每个行业发展时的通病，正是这样的通病导致了在一个行业刚兴起之时，总有机构打着"培训人才"的名义敛财。疗愈行业也是如此。毕竟有市场需求作为保证，门槛又比较低，做疗愈人才培训是一门"好生意"。

2024年1月，笔者曾经让员工做了一个调查，发现市场上共有超过106张疗愈相关证书，如艺术疗愈师、颂钵疗愈师、芳香疗愈师等，而这些证书的种类和颁发机构也是五花八门，最让笔者费解的是"培训证书"这样的证书种类也会被许多人追捧。不管是"专业人才能力培训证书"还是"疗愈人才培训证书"，都属于"培训证书"的范畴，而培训证书的意思是持证者通过了规定学时的培训，仅此而已。"培训证书"就像"结业证书"，只能证明持证者经过了培训，是否有相关能力或者达到相关标准，这些都无从稽考。

许多证书的颁发机构也让笔者啼笑皆非，比如颁发机构为某培训中心，这个证书的含金量就有待考察。毕竟培训中心的职能是培训，是否有鉴定持证者能力的权力尚未可知。还有许多以"国际"开头的协会或者学会也容易混淆视听。据笔者所知，在中国申请协会的必要条件是市级以上主管单位审批，所以往往协会都有区域性的前缀，比如广东省民宿协会、上海心理学会等。以"国际"开头的协会或者学会往往注册在境外，注册条件相当宽松，其真实性有待考察。

甚至以"中国"开头的"中国管理科学研究院"也在2024年6月23日被国家事业单位登记管理局撤销登记，并收缴事业单位法人证书及单位印章[1]。中国管理科学研究院所颁发的疗愈相关证书就高达二十余种。

当笔者披露这些行业内幕时，几乎所有人都为之震惊，还有好多

---

1 http://gjsy.gov.cn/tzgg/wfwgxxtg/202406/t20240623_91915.html.

> **国家事业单位登记管理局对中国管理科学研究院作出撤销登记的通告**
>
> 时间：2024-06-23
>
> 经查，中国旅游文化资源开发促进会举办的中国管理科学研究院存在不按照登记事项开展活动，滥设下属机构，肆意扩大业务范围，以牟利为目的对外大肆销售职业技能培训证书，以及大肆招揽各类"特聘专家"、"院士专家"、"客座教授"，违规向企业颁发"中国"字头荣誉证书、建立"中国"字头基地、主办"中国"字头论坛会议，违规使用带"中国"字头机构对外宣传报道和进行虚假宣传等行为，严重损害事业单位形象，严重偏离公益属性，严重侵害人民群众权益，严重影响社会秩序稳定，依据《事业单位登记管理暂行条例实施细则》第七十条规定，决定对中国管理科学研究院撤销登记并收缴《事业单位法人证书》及单位印章。
>
> 自本通告发布之日起，中国管理科学研究院不得再以事业单位名义开展任何活动。
>
> 国家事业单位
> 登记管理局
> 2024年6月23日

人拿出手机，看看自己考的证书是否真实有效。也有部分人会提出疑问："沈总，你为什么会知道那么多的内幕？"

其实许多内幕并非笔者主动去调查而得来的，而是自从2024年1月举办全球疗愈峰会后，就有不下20人与愈到集团的客服联系，提供各种包过的证书，成本价在500～2 000元不等，并宣称市场价至少是成本的2～3倍。就在博览会招募展商期间，就有不下5个疑似假的协会想来参展售卖课程，但全部被笔者拒绝了。

如果笔者想将卖证作为营利手段，在全球疗愈峰会上就可以推出相关课程，很容易就能获得百万元营业额。如果在两届疗愈博览会上推相关课程，则千万元营业额也不在话下。但是笔者没有这么做，这并不是因为没有专家团队上课，毕竟笔者有数十个国内顶尖大学的教授做后盾，而是因为笔者非常清楚地知道，不解决就业的培训就是自掘坟墓。

先不讨论市场中的培训是否有效，暂且假设所有的培训都真实有效，疗愈导师们把大量的"小白"培养成了合格的疗愈师。这些疗愈师能做什么呢？在没有大量的实践经验之前，没法承接疗愈个案，在疗愈市场未成型之前，疗愈相关工作也找不到，与空间方异业合作也难以达成，自己开疗愈馆成本又很高。看似学习疗愈后能够自我疗愈，但是当想通过疗愈来就业时，整个人又焦虑了。为了解决这个焦虑，常见的有两条路：一是继续学习疗愈类课程，让自己不断精进；另一种方法就是通过培训他人来获取培训费。

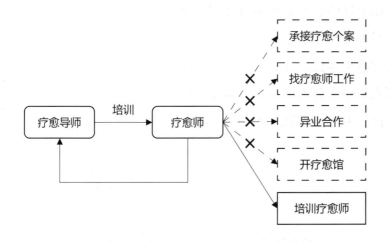

先说第一条路，继续学习疗愈类的课程是否真的可以做到承接疗愈个案、找到疗愈的工作、与异业合作或者开疗愈馆呢？这个无从知晓，但是疗愈导师的培训费没有少赚。笔者对热爱学习的疗愈师有一句忠告："当你没有成熟的商业模式之前，先观察你的疗愈导师，如果他的主营业务收入是培训费，你就懂了。"

再说第二条路，通过培训他人来赚取培训费，也就是一个疗愈导师培训了一个疗愈师，而这个疗愈师也得通过培训来赚钱，这个模式是不可持续的，因为所有的疗愈师都没有真正就业。结果是，疗愈师为了营利，而陷入不断招生的焦虑。原本是想学习疗愈，想不到让自己更焦虑了。

正是因为对于疗愈市场的研判，所以笔者并没有去售卖任何培训课程和证书。如果有用户真的想学习疗愈，笔者也仅仅是推荐一些正规机构的相关培训，但心中一直忧虑着：疗愈市场未起，培训市场先行，极有可能导致大量疗愈师失业，这样对疗愈行业的可持续发展有百害而无一利。

　　以上这些思考是在2024年初。到五六月份时，第一届疗愈博览会成功举办，奠定了疗愈市场的基础。到本书编写时的2024年底，笔者认为疗愈市场已经开始大力发展了，从第二届疗愈博览会的参展情况和观众数量上就可见一斑。但是再回头看疗愈培训市场，又让笔者唏嘘不已。不夸张地说，现在疗愈培训市场有"八宗罪"。

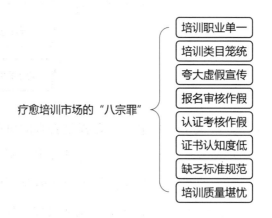

（1）培训职业单一。

　　经过2024年一整年的快速发展，疗愈师相关培训已经呈现了多样化的状态，各种疗愈师培训层出不穷，除了传统的颂钵疗愈师、芳香疗愈师之外，还出现了唱诵疗愈师、花艺疗愈师、图卡疗愈师、摄影疗愈师等。但笔者还是觉得培训职业单一，以上所列的各种培训都是以疗愈师这个职业为培训对象，但是在疗愈经济不断兴起的过程中，疗愈师只是最基础的职业。就以常见的疗愈酒店为例，酒店需要大量的疗愈相关职业，比如需要疗愈师提供疗愈服务；需要疗愈管家来管理疗愈师的活动以及客户的入住安排；需要疗愈经纪来寻找国内外各种新型的疗愈师或者专家；需要疗愈博主来输出内容，推广酒店的疗愈服务和套餐；需要疗愈主播来通过短视频和直播的方式吸引更多用户了解酒店。但是根据笔者的观察，市场中对于疗愈管家、疗愈经纪、疗愈博主和疗愈主播的培训几乎没有。

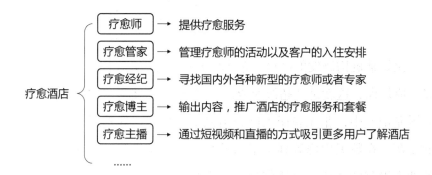

（2）培训类目笼统。

愈到集团在2024年没有公布招聘需求的情况下，共收到342封简历，其中有许多人都有疗愈相关证书，其中最多的就是"艺术疗愈师"和"音乐疗愈师"，笔者被这两个培训类目给惊到了。因为在笔者的观念里，"艺术疗愈师"或者"音乐疗愈师"的培养周期，少说也得类似于本科的4年起步，学习的科目至少得30科起，每个科目至少80学时。先不说培训质量和课程实施的问题，就这个培训类目的设置就存在巨大的问题。

疗愈相关培训是社会化的培训，并非全日制教学，往往是单次或者多次的集中培训，总培训时长在10天以内，根本无法达到"艺术疗愈师"或者"音乐疗愈师"这种类目的学习要求。

（3）夸大虚假宣传。

关于夸大虚假宣传的问题，笔者已经收到了许多疗愈师的诉苦，他们参加的培训课程要么是"超级速成班"，要么是"以偏概全班"，甚至还有"羊头狗肉班"。

比如某机构颁发的高级"艺术疗愈师"证书，只需要3天2晚就可以完成培训，这就是"超级速成班"。这让笔者十分诧异，在小说《倚天屠龙记》中，张无忌误入昆仑山光明顶秘道，偶然寻得乾坤大挪移的秘籍，在数天内修炼到了很高的境界。小说里张无忌能够很快理解乾坤大挪移的秘诀，是凭借自身九阳神功的深厚内力。在现实中，学成高级"艺术疗愈师"只要3天2晚，莫非所有参训者都和张无忌一样有着九阳神功的深厚内力？

"以偏概全班"的案例就更多了，比如某机构颁发的高级"音乐疗愈师"证书，只需要学习颂钵和铜锣两个乐器就可以获证，连基本的音乐分类都不用学习。只用音乐中的两个小分支来以偏概全，很容易让学员走入误区，还不如就叫"颂钵疗愈师"或者"铜锣疗愈师"。

"羊头狗肉班"就是"挂羊头卖狗肉"，比如某机构颁发的高级"整合疗愈师"证书，课程内容宣传是"疗愈师商业思维"，实际培训的内容却是"抖音IP视频拍摄"，这和高级"整合疗愈师"的距离太大了。

（4）报名审核作假。

国内许多疗愈相关证书都是可以直接报考高级，并不关心报考者的年龄、所学的专业、从事的职业、从业时间和已经获得的证书。初级、中级和高级的区别仅仅是价格的差异，甚至美其名曰"初、中、高级联报"，并且统一时间培训、统一时间发证。试问在初级证书都还没有拿到的情况下如何能够学习中级的培训内容呢？这种报名审核作假的情况在国内屡见不鲜。按照正规的流程，应该是先达到初级的报名要求，经过初级的培训、达到了初级的要求并通过初级的考核，才能拿到初级的证书，再进入中级的培训，以此类推。

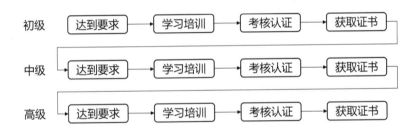

（5）认证考核作假。

认证考核过程作假几乎是所有疗愈培训市场的通病，学员交好报名费，证书就已经印刷好了，4天3晚的课程安排中，最后一项就是颁发证书，这不就是将考核形同虚设吗？如果考核只是走个过场，交钱就一定能够拿到证书，这和卖证有什么区别呢？

这种认证考核过程作假的行为，其根本原因是提供培训的机构和负责考核的机构是同一家机构。对于主营业务为培训的机构来说，当然是让学员100%通过考核才能有更多的培训收入。但是这样会大大影响疗愈师的真实水平，从而影响整个疗愈市场的发展。

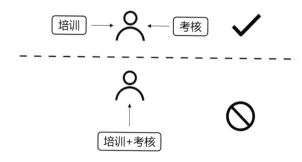

（6）证书认知度低。

笔者在查看愈到集团在2024年收到的342封简历时发现，发证机关非常混乱，有的是某个协会的二级分会，有的是某个管理学院的培训部，有的是某个管理中心，有的是某个研究院，有的是某个基金会，有的是某个联合会。发证机关都如此混乱，更别说培训类别了，每个发证机关都有自己的一套命名体系，同样的颂钵疗愈师可能会被叫作颂钵理疗师或者音钵疗愈师。

这种混乱是市场化行为带来的，但是这样会导致证书太多，各种疗愈证书的认知度都很低。当笔者拿到一张疗愈师证书时，都不知道其含金量到底如何。

（7）缺乏标准规范。

许多做疗愈培训的人连标准规范都没有。以芳香疗愈师为例，如果没有建立统一的、被广泛认可的职业标准，就会使不同的培训机构自行设定课程内容和考核标准，有些机构只是通过短期的线上课程，讲几种精油的功效，但缺乏对人体生理、心理知识的深入讲解以及实践操作，这会导致各家的证书含金量差异巨大。

按照顶层设计来说，应该是先有标准，再根据标准制订培训计划并落实，然后不断迭代标准和培训，让疗愈相关培训可以真正输出符合行业规范的疗愈人才，为疗愈经济发展打下坚实的基础。

（8）培训质量堪忧。

由于缺乏标准，因此疗愈导师的师资力量和教学资源也存在很大差异。一些机构拥有经验丰富、专业知识扎实的疗愈导师，能够提供大量的实战案例分析；而另一些机构的导师可能自身水平有限，培训内容也只是将互联网上的东西东拼西凑。但是通过专业的包装，一个实力不强的导师也可以包装成大师，这会让培训质量无法保证，无法让学员获得疗愈的专业知识和技能，即使获得证书，也难以在实际工作中提供有效的疗愈服务。

基于疗愈培训市场的"八宗罪"，笔者经过深思熟虑，决定从顶层设计开始入手，助力中国疗愈人才的规范建设和培养。

愈到集团旗下的愈到研究院联合全国职业信用评价网（简称职信网），推出疗愈人才库。全国职业信用评价网是中国多部委支持、中央财政投资、若干国家部委人才交流机构倡议发起的国家级职业信用评价信息数据源平台，是中央机构编制委员会办公室备案的事业单位网站，是发改委重大建设项目库项目，是国家信息中心全国投资项目在线审批监管平台赋码工程。全国职业信用评价网是为企事业单位和个人提供职业信用、就业信息、职业信息备案和职业认证服务的国家级人力资源信息化平台，是涵盖人力资源各项服务的数据源中心和职业信用评价中心，长期服务于中直机关、事业单位、央企与国企。全国职业信用评价网的国家事业单位统一社会信用代码为12100004000003534E，国家人社部人力资源服务许可证编号为110000101009，事业单位电子标识编号为CA330000000609242940004，京公网安备号为11010802026182。

 国家事业单位统一社会信用代码：12100000400003534E
国家人社部人力资源服务许可证编号：110000101009

 事业单位电子标识编号：CA330000000609242940004

 京公网安备号：11010802026182

从组织架构上来说，疗愈人才库有四个层级，最顶部的是愈到研究院和全国职业信用评价网，第二个层级是各疗愈细分领域的标准委员会，第三个层级是各疗愈细分领域的标准委员会下的各孵化中心，最底部的是所有疗愈从业者。

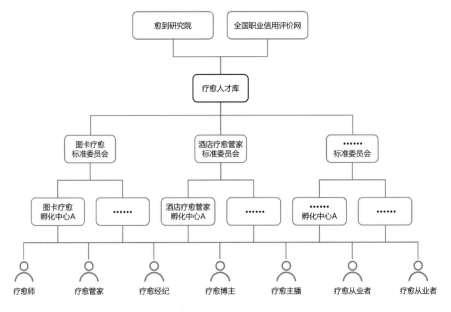

从时间流程上来说，疗愈人才库会根据疗愈人才库标准委员会章程，整合国内外各疗愈细分领域的专家团队和企业，成立各细分领域

的疗愈标准委员会；然后各细分领域的疗愈标准委员会将编制、修订和发布本领域疗愈人才从业标准和疗愈人才考核标准；各企业可根据疗愈人才库孵化中心章程，向疗愈人才库和每个疗愈细分领域的疗愈标准委员会申请成为疗愈人才孵化中心；孵化中心根据本领域疗愈人才从业标准为疗愈从业者提供培训和实训；愈到研究院、全国职业信用评价网与各细分领域疗愈标准委员会将根据本领域的疗愈人才考核标准对疗愈从业者进行考核，考核通过后颁发相应证书。

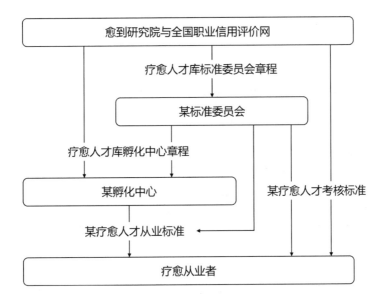

从各层级的职能来说，愈到研究院和全国职业信用评价网作为疗愈人才库的发起者，监督疗愈人才库的所有工作，对各细分领域的疗愈标准委员会和各孵化中心有授权和管理的权力，审核并颁发疗愈从业者的相关证书；各细分领域的疗愈标准委员会负责编制、修订和发布本领域《疗愈人才从业标准》和《疗愈人才考核标准》，并监督和抽查本领域疗愈孵化中心工作，还需每个月定期向愈到研究院和全国职

业信用评价网汇报；各孵化中心需要根据本领域的《疗愈人才从业标准》对疗愈从业者提供学习和实训，协助学员获取相关证书，并配合愈到研究院、全国职业信用评价网和对应领域疗愈标准委员会的监督和抽查；疗愈从业者需根据孵化中心安排，完成学习和实训，并根据考核标准获取相关证书。

疗愈人才库的角色	主 要 职 能
愈到研究院和全国职业信用评价网	1. 监督和管理疗愈人才库所有工作 2. 授权并管理各级单位 3. 审核并颁发疗愈从业者的证书
标准委员会	1. 编制、修订和发布本领域疗愈从业标准和考核标准 2. 监督和抽查本领域疗愈孵化中心工作 3. 定期向上级汇报
孵化中心	1. 根据本领域疗愈从业标准，提供学习和实训 2. 协助学员获取相关证书 3. 配合上级的监督和抽查
疗愈从业者	1. 根据孵化中心安排，完成学习和实训 2. 根据考核标准获取相关证书

以上从组织架构、时间流程和各级职能3个维度解析了疗愈人才库的设计，但疗愈人才库的设计和各角色的申报、审批、管理等流程是极其庞大与复杂的，光相关文档就有46个之多。这还没有算上笔者向全国职业信用评价网提交申请和批复的近半年审批流程。

笔者之所以要大费周章地联合官方的全国职业信用评价网，作出如此复杂的疗愈人才库的顶层设计，其目的就在于减少中国疗愈培训市场的"八宗罪"。

第一个是针对培训职业单一。疗愈人才库并不是由愈到集团来完成所有的标准委员会和孵化中心工作,而是把疗愈人才库作为平台,让更多的专家和企业参与进来,这样就能尽可能多地包含所有的疗愈职业类别,愈到研究院和全国职业信用评价网尽好管理和监督的职责即可。

第二个是针对培训类目笼统。愈到研究院和全国职业信用评价网在批复每个疗愈标准委员会的申请时,会严格把控培训类目,不会出现培训类目与培训内容差距极大的,类似于"艺术疗愈师"或"音乐疗愈师"的笼统类目,并且对每个细分疗愈类的初级、中级、高级都有严格的审核机制,确保培训类目和培训内容相吻合。

第三个是针对夸大虚假宣传。在疗愈人才库体系中,执行培训工作的是各孵化中心,而所有学员的报名、资料提交、资料审核、考核颁发证书等环节全部在愈到平台中完成,所有孵化中心的相关资料需要在愈到平台中提交审核后才能发布。愈到集团会对其所有资料严格把控,并且在后期执行培训时,各孵化中心由愈到研究院、全国职业信用评价网和相应的疗愈标准委员会三个主体进行监督,可以最大化地避免"夸大虚假宣传"。

第四个是针对报名审核作假。在疗愈人才库体系中,所有学员的报名审核工作全部由愈到集团来完成,愈到集团的工作人员会按照相关的疗愈人才标准进行报名审核,整个报名审核过程与执行培训工作的各孵化中心无关,这样可以确保报名审核工作的公平公正。

第五个是针对认证考核作假。所有的证书申请都需要提交培训证明和实践视频,需要由愈到研究院、全国职业信用评价网和相应的疗愈标准委员会进行考核,而且疗愈人才库相关证书的发证机关是全国职业信用评价网,其本身就有严格的认证考核要求,从根源上杜绝考

核作假和花钱买证的情况。

第六个是针对证书认知度低。在国内众多证书中，为了能够提升疗愈人才库的认知度，笔者会通过愈到集团的疗愈博览会和愈到平台进行推广，让更多的人知道本证书，并致力于将疗愈人才库的相关证书打造成疗愈行业职业发展、人才选拔、聘用任用和岗位晋升的依据。

第七个是针对缺乏标准规范。在疗愈人才库体系中，各细分领域的疗愈人才标准由各标准委员会制定，各标准委员会的主要职能就是编制、修订和发布本领域疗愈从业标准和考核标准，愈到研究院和全国职业信用评价网会牵头各疗愈标准委员会，定期举办各项标准的修订工作，确保各细分领域疗愈标准的时效性和有效性。

第八个是针对培训质量堪忧。在疗愈人才库体系中，执行培训的主体是各孵化中心。首先从准入门槛来说，各孵化中心唯有向愈到研究院、全国职业信用评价网和相应的疗愈标准委员会提出申请，才能成为孵化中心；其次从平时监督来说，各孵化中心的日常工作由愈到研究院、全国职业信用评价网和相应的疗愈标准委员会三个主体进行监督，其培训质量可以得到最大的保证。

笔者在第二届疗愈博览会公布疗愈人才库方案时，诚邀国内外各高校的教授、各行业的顶尖专家和企业，共同参与中国疗愈人才的规范和建设。做疗愈人才库不是一蹴而就的，甚至因为其规则繁杂，才导致这条路艰辛而又漫长，但是笔者坚信只有这样才能让中国疗愈人才库的建设完善，疗愈经济才能得到可持续发展。

6.4　每个城市都有一片疗愈市场

在社会的大舞台上，每个人都身兼数职：既是悉心呵护子女的父母，又是承欢父母膝下的子女；既是运筹帷幄的老板，也是勤勉敬业的员工。每一种身份都承载着独特的压力与期许，犹如重重的壳，让我们在尘世中负重前行。

根据国家统计局第七次全国人口普查[1]，我国有14.1亿人口，庞大的人口基数为疗愈市场提供了广阔的用户基础。同时，根据自然资源部2024年3月27日召开的例行新闻发布会，我国共有683个设市城市[2]，城市的发展和集聚也为疗愈市场的形成和壮大提供了肥沃的土壤。

2024年5月，愈到集团在上海举办了第一届疗愈博览会，观众近20 000名；2024年11月，愈到集团在深圳举办了第二届疗愈博览会，观众近30 000名。看似风光的数字背后，却有着另一组隐藏的数据。

上海和深圳这两个城市，只占到了683个城市的0.29%，两次博览会的观众只占到了14.1亿人口的0.003 5%。如果把每个城市看作一个格子，那么愈到集团现在已经覆盖的城市只是683个格子中的两个。

1　https://www.stats.gov.cn/sj/sjjd/202302/t20230202_1896484.html.
2　https://www.gov.cn/lianbo/bumen/202403/content_6942077.htm.

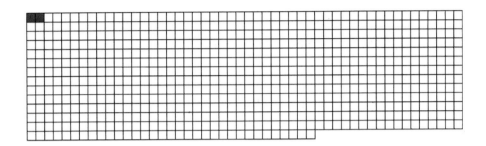

可是有疗愈需求的只有两个城市吗？显然不是，就算愈到集团每年在四个不同的城市举办疗愈博览会，要覆盖683个城市则需要170年以上。

面对如此海量的疗愈市场需求，仅靠愈到集团一己之力，简直就是蚍蜉撼树。

在愈到集团举办的全球疗愈峰会上，愈到创始人花爷就说过"每个城市都有一片疗愈市场"，中国的疗愈需求至少还需要100个愈到集团才能够勉强满足。

并非举办疗愈博览会才算是满足每个人的疗愈需求，哪怕是举办一场疗愈沙龙，或者打造一个疗愈酒店，或者创立一个疗愈SPA店，或者打造一个疗愈目的地，这些都是在为中国的疗愈事业奋斗，都是在满足中国14.1亿人口的疗愈需求，让他们能够拥有美好的生活方式。

目前也有不少人打着"疗愈"的旗号举办峰会或者疗愈节，目的只是推荐某个高价且无用的课程，或是推广某个效用甚微的产品，这并不是在帮助用户满足疗愈需求，而是在他们原本需要疗愈的心灵上又撒上了一把盐。这不但会让许多用户开始讨厌疗愈，也会让刚刚起步的疗愈市场更加混乱。

许多人看准了巨大的疗愈市场，也想来分一杯羹，这没有任何问题，笔者并不需要每个疗愈行业的从业者都像愈到集团一样肩负起"引领疗愈产业链，推动疗愈经济发展"的重任。在疗愈行业赚钱，笔者觉得无可厚非，但赚钱不能是目的，它只能是结果。比如Amy提供一个可以让用户获得身心疗愈的服务或者产品，然后向客户收取合理的费用，那这个赚钱就是结果，而不是目的，这种赚钱的方式是可持续的，是利于疗愈行业发展的，也是笔者推荐的。

但如果Amy为了赚钱，随便从网上找了几本书抄袭一下，然后推出所谓的身心疗愈课程，或者采购了某个仪器，谎称可以达到疗愈效果，然后向客户收取高昂的费用，那么这个赚钱就是目的，这种方式是不可持续的，会损害自己、客户和整个疗愈行业。

许多人非常认同笔者的价值观，也深知疗愈的市场规模巨大，但苦于不知道如何能够进入这个行业，更不知道如何合理地赚钱。笔者的建议就是：每个城市都有一片疗愈市场，只要在你的城市里，甚至是县城里、乡镇里占有一席之地，就可以通过疗愈获取合理的回报。

首先，需要明确自己是属于疗愈经济全景图中的哪个角色，或者是想成为哪个角色。

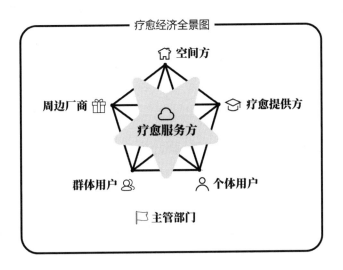

当明确了自己的角色定位之后，后面的发展路径就非常清晰了。想成为疗愈提供方的，如果在细分领域内全国领先，就可以在疗愈人才库中申请成为某细分领域的疗愈标准委员会委员或孵化中心；如果专业能力不强，可以学习疗愈人才库中的相关疗愈技能，学完后就可以在自己的城市里开设疗愈馆或者进行异业合作，也可以在疗愈博览会上联系各种周边厂商、空间方和疗愈服务方，从而扩展自己的商业版图。

想成为周边厂商的，可以在疗愈博览会上考察已有的相关产品和服务，调查市场需求情况，寻找自己可从事的产品生产方向。

想成为空间方的，可以上架愈到的疗愈目的地板块，并在疗愈博览会上对接相关疗愈提供方、周边厂商和疗愈服务方，让自己的目的地成为网红疗愈胜地。

想做疗愈服务方的，可以先查看愈到平台，根据已有的相关疗愈工作坊、目的地、人才库和艺术展内容，结合自身经验或资源，明确自己的服务对象和服务内容。给疗愈师们提供内容营销，给群体用户提供疗愈经纪，给空间方提供疗愈空间设计，给周边厂商提供线上媒体曝光等。随后到疗愈博览会上拓展自己的业务范围，迭代自己的服务产品内容。

有些人实在是不知道自己要做什么，可以通过疗愈博览会巨大的平台寻找自己的出路。毕竟在第一届疗愈博览会和第二届疗愈博览会中，目的为学习交流、异业合作和代理加盟的观众比重都非常高。

也有人来疗愈博览会抱着挑刺的心态，嫌弃这个产品不好，那个服务不佳。这些人可以分为三类：一类是通过挑刺，让自己开发更符合市场需求的产品或服务，这种是最为明智的选择；第二类是来看竞品，通过挑刺来打压竞争对手，这种行为是浪费精力，与其有时间挑刺，不如将自己产品的优势扩大，让客户做出正确的选择；最后一类是挑刺并且发泄，吃不到葡萄说葡萄酸，那他们就无法享受疗愈经济，无法成为疗愈经济中的一分子。

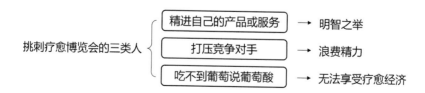

笔者在疗愈博览会的平台上，几次三番地提醒观众："博览会上的每个展商、每个表演嘉宾、每个发言的专家、每个做论坛的大咖、每个工作坊的导师、每个艺术展里的艺术家，看似都和你没有关系，但是你换个思路，整个疗愈博览会都是你的资源。"

疗愈市场很大，未来必定会竞争激烈，但其与普通互联网服务不同的是，疗愈更依赖线下的场景和服务，这也就意味着每个城市的疗愈市场都是各自独立的。如何能够在中国的683个城市、数万个县城和乡镇中寻找到自己的一片疗愈市场，才是每个疗愈从业者需要思考的问题。

笔者希望通过各种举措推动疗愈经济可持续发展，除了由愈到集团的使命所驱使外，也是愈到集团价值观"成就客户、开放共赢，只做第一"的体现。

愈到作为疗愈平台，就是将疗愈生态圈里的各行各业连接起来，发挥线上和线下的最大优势，缩短所有疗愈产品、服务与用户之间的距离，实现价值的创造和再造，以开放共赢的态度成就每一个疗愈客户。

著名的现代管理学之父彼得·德鲁克曾说过："竞争一定不是单打独斗，一定是各种能力的聚集合作。"笔者也希望有更多的有识之士加入愈到平台，与愈到集团携手，参与疗愈产业链建设，助力疗愈经济发展，最终用疗愈经济来疗愈经济。

图书在版编目(CIP)数据

疗愈经济. 2/沈君著. -- 上海：复旦大学出版社，
2025.5. -- ISBN 978-7-309-18011-4
Ⅰ. R199.2
中国国家版本馆 CIP 数据核字第 20251WE220 号

疗愈经济 2
沈　君　著
责任编辑/张美芳

复旦大学出版社有限公司出版发行
上海市国权路 579 号　邮编：200433
网址：fupnet@ fudanpress.com　　http://www.fudanpress.com
门市零售：86-21-65102580　　团体订购：86-21-65104505
出版部电话：86-21-65642845
上海四维数字图文有限公司

开本 787 毫米×960 毫米　1/16　印张 16.75　字数 193 千字
2025 年 5 月第 1 版
2025 年 5 月第 1 版第 1 次印刷

ISBN 978-7-309-18011-4/F·3107
定价：49.00 元

如有印装质量问题,请向复旦大学出版社有限公司出版部调换。
版权所有　　侵权必究